© 2025 Sebastián Sann. Alle Rechte vorbehalten.

Kein Teil dieser Veröffentlichung darf ohne vorherige schriftliche Genehmigung des Autors in irgendeiner Form oder mit irgendwelchen Mitteln – sei es elektronisch, mechanisch, durch Fotokopie, Aufzeichnung, Scannen oder auf andere Weise – reproduziert, gespeichert oder übertragen werden, mit Ausnahme kurzer Zitate, die zu Zwecken der Kritik, Rezension oder Kommentierung verwendet werden, soweit dies gesetzlich zulässig ist.

Dieses Buch ist durch internationale Urheberrechtsgesetze geschützt. Der Inhalt, die Ideen und Ausdrücke in diesem Buch sind ausschließlich Eigentum des Autors. Jede unbefugte Nutzung, teilweise oder vollständige Vervielfältigung oder Verbreitung des Inhalts gilt als Verletzung der geistigen Eigentumsrechte.

Für Sondergenehmigungen, Kooperationen, Übersetzungen oder kommerzielle Lizenzen wenden Sie sich bitte an:

interno@conscienciadisruptiva.com

KENNEN
DIE EINZIGE
WHARHEIT

SEBASTIAN SANN

Haftungsausschluss

Die einzige Wahrheit ist keine Religion. Die Wahrheit ist eine Erfahrung, die jahrelang unter Angst begraben war.

Die Wahrheit ist etwas, das wir alle erleben können, wenn wir sie als unser göttliches Recht einfordern. Dank dieses Buches haben sich viele Menschen an ihre Kraft erinnert.

Gloria in excelsis Deo.

*Für diejenigen, die noch an nichts glauben,
aber dies hier liest.*

INHALT

INHALT 7
WIE MAN DIESES BUCH LIEST 11
EINLEITUNG 15

KAPITEL 1
SPIELEN IN DER MATRIX 19
    DIE WAHRE WAHRHEIT 20
        STOP 1: DEN CHARAKTER ZERSTÖREN 22
        STOP 2: DIE KUNST DER LOSLASSUNG 29
        STOP 3: DEN CHARAKTER ERSTELLEN 35
        STOP 4: DER EINZIGE ZWECK DES MENSCHEN 43
        STOP 5: HANDELN SCHÖPFEN VERTRAUEN 79
        STOP 6: HÖHERE PRINZIPIEN DER MANIFESTATION ... 85
        STOP 7: DAS BEWUSSTSEINSEBENE ERHÖHEN 94
        STOP 8: DAS EINZIGE NOTWENDIGE ZIEL ERREICHEN ... 99
        STOP 9: IN ABSOLUTER AUSRICHTUNG LEBEN 103

KAPITEL 2
DIE MATRIX ENTDECKEN 111

TEIL 1: ES IST ZEIT ZU ERWACHEN 113
- DIE KONTROLLE DER MENSCHHEIT 114
- SO VERDIENEN „SIE" IHR GELD 118
- DIE 4 MÖGLICHKEITEN DER WAHL: ANGST ODER LIEBE 122
- UNBEGRENZTE WESEN, DIE EINE BEGRENZTE ERFAHRUNG SPIELEN 125
- DER MANN, DER 16 KREBSPATIENTEN MIT FREQUENZ UND SCHWINGUNGEN HEILTE 128
- ES IST NICHT DIE PILLE, DIE SIE HEILT, ES IST IHRE WAHRNEHMUNG 135
- DAS GESCHÄFT, SIE KRANK ZU HALTEN 141
- KRANKHEIT IST EINE ILLUSION 148
- ENTFESSELN SIE IHRE ANGEWORFENE HEILUNGSKRAFT 152

TEIL 2: DIE LAMPE IM VERBORGENEN ANZÜNDEN 156
- UNWIDERLEGBARE BEWEISE DAFÜR, WER WIR SIND 157
- DIE VORFAHREN DER GESAMTEN MENSCHHEIT 162
- WIR SCHREIBEN DIE GESCHICHTE BEREITS NEU 167
- DIE FAST 8 METER GROSSE FRAU 167
- RIESEN LEBEN UNTER UNS (ZENSURIERTE INFORMATIONEN) 169
- AUF WIEDERSEHEN, UFOLOGISCHES RÄTSEL 172
- NICHT-MENSCHLICHE TECHNOLOGIE IST EIN SPIEGEL FÜR DIE SCHLAFENDE MENSCHHEIT 173
- ANTIGRAVITATIONSTECHNOLOGIE 174
- AUSSERIRDISCHE IM TIEFSTEN SEE DER ERDE 179
- KLARE FOTOS VON OSNIS, DIE AUS DEM WASSER AUFTAUCHEN, WURDEN ZENSURIERT 182
- GOTT, DAS GÖTTLICHE UND DAS AUSSERIRDISCHE SIND MITEINANDER VERFLOCHTEN 187
- DIE WAHRHEIT IST NICHT DRAUSSEN 191

KAPITEL 3
DIE MATRIX ÜBERWINDEN 195
    DIE ABSOLUTE VEREINIGUNG 196
    DIE GRENZEN UNSERER SINNE 196
    DAS PARADOX DER REALITÄT 197
    DER TEIL ENTHÄLT DAS GANZE 198
    DIE MUSIK DER STERNE 199
    EINE UNENDLICHE MENTALITÄT FREISETZEN 201
    DIE ERFAHRUNG MITGESTALTEN 201
    SIE HABEN DIESES BUCH GESCHRIEBEN 202
    ALLES, WAS SIE SEHEN, HÄNGT VON IHNEN AB 203
    NICHT ALLES ZU WISSEN BEDEUTET,
    SICH AN ALLES ZU ERINNERN 204
    SCHATTEN DER REALITÄT 205
    DIE WAHRHEIT IST BEREITS IN IHNEN 209
    DIE WAHRHEIT ÜBER GOTT 210
    NICHTS IST ZUFÄLLIG 211
    DIE WELT AUS SCHWINGUNG ENTSTAND 212
    WER IST GOTT UND WO IST ER? 241
    GOTTES WELT IST DIE EINZIGE WIRKLICHE 243
    ICH BIN GOTT, DU BIST GOTT 244

DIE ENDGÜLTIGE WAHRHEIT 249
WIR SIND NICHT GETRENNT 251
DER WEG ENDET NICHT HIER 257
WEITERE BÜCHER DES AUTORS 259
ZUSÄTZLICHES MATERIAL FÜR IHRE ENTWICKLUNG 261

WIE MAN DIESES BUCH LIEST

Es gibt Millionen von Büchern, Millionen von Formen, Millionen von Erfahrungen und Millionen von Informationen. Aber nichts davon verändert sich, wenn es keinen klaren Kontext gibt, der den Inhalt stützt. Jede Handlung ohne klare Absicht und Zweck führt nur dazu, dass man sich verirrt.

Dieses Buch zu lesen ist weder eine unbewusste noch eine zufällige Handlung. Es reicht nicht aus, es nur zu überfliegen. Wenn Ihr Engagement über Neugier und Ego hinausgeht, werde ich Ihnen genau sagen, wie Sie es lesen sollten. Von diesem Punkt an hängt Ihre Erfahrung ganz von Ihnen ab.

„Erkenne die einzige Wahrheit" besteht aus drei wesentlichen Teilen, die in Kapitel und Unterkapitel gegliedert sind:

1. *Spielen in der Matrix* (das Erwachen des Selbst und der Zweck)
2. *Die Matrix entdecken* (das Erkennen des Systems und seiner Mechanismen)
3. *Die Matrix transzendieren* (die Verschmelzung mit der ewigen Wahrheit)

Die Reihenfolge sollte nicht verändert werden. Es ist kein Buch, das man von hinten nach vorne liest oder in dem man wahllos

Seiten übersprungt. Die Wahrheit zu erkennen ist ein Prozess der schrittweisen Deprogrammierung, der Schicht für Schicht das entfernt, was Ihr wahres Selbst bedeckt. Das Überspringen eines Abschnitts unterbricht diesen Prozess nicht nur, sondern kann ihn auch verzerren.

Da es sich um ein introspektives Buch handelt, müssen Sie beim Lesen in sich gehen, um sich auf die darin enthaltene Energie einzustimmen. Ich empfehle Ihnen, es mit hochfrequenter Musik im Hintergrund zu lesen. Einige Optionen finden Sie auf YouTube oder Spotify:

- Keltische Musik
- Tibetische Klangschalen
- Handpan
- Musik mit Mantras
- 300 Violinen-Orchester
- Orchester im Allgemeinen
- Solfeggio-Frequenzen
- Klänge von Mutter Erde
- Zeremonielle Musik (Ayahuasca, traditionelle Medizin)
- Christliche Musik

Legen Sie außerdem eine wichtige Gewohnheit fest: **Entschlossenheit und absolutes Engagement für Ihre Lesezeit**. Wählen Sie eine bestimmte Zeitspanne und halten Sie sich daran. Nicht mehr und nicht weniger. Das schult Ihren Geist in Konzentration und Verantwortungsbewusstsein.

Die einzige Wahrheit kennenlernen liest man nicht in einem Zug. Es ist kein Buch, das man an einem Tag durchlesen kann. Nehmen Sie sich so viel Zeit, wie Sie brauchen. Meine Empfehlung: mindestens 30 Tage lang langsam und nachdenklich lesen, unterstreichen, wiederholt lesen und die Informationen auf sich wirken lassen.

Die Informationen in diesem Buch sollten sofort weitergegeben werden. Das bedeutet, dass Sie nach Beendigung Ihrer Lesezeit in **den Modus „Geben"** wechseln. Nur wenn wir das Gelernte weitergeben, erweitern wir es in uns selbst. Sie können dies tun, indem Sie ein reflektierendes Video aufnehmen, ein Foto von einer Seite machen, die Sie beeindruckt hat, und diese kommentieren oder indem Sie einer Ihnen nahestehenden Person eine Nachricht über das Gelesene schicken. Der Kanal spielt keine Rolle. Wichtig ist die Handlung. Informationen, die nicht geteilt werden, stagnieren und verfaulen wie stehendes Wasser.

Dieses Buch wird durch die **Gebote** ergänzt, eine praktische Lebensphilosophie, die Ihnen hilft, die Wahrheit Tag für Tag zu leben. Dieses Dokument wird separat ausgehändigt und sollte wie folgt verwendet werden:

- **Bevor Sie das Buch lesen.** Notieren Sie Ihre Gedanken zu jedem Gebot.

- **Nach dem Lesen.** Schreiben Sie Ihre Gedanken erneut auf und vergleichen Sie sie mit den ersten.

- **Jeden Tag.** Wählen Sie ein Gebot, das zu Ihrem aktuellen Lebensabschnitt passt, und richten Sie eine Erinnerung auf Ihrem Telefon ein, um es jede Stunde zu lesen. Behalten Sie diese Praxis mindestens 30 Tage lang bei.

Beginnen wir unsere Reise der Selbstfindung.

SCANNEN UND HERUNTERLADEN

DIE GEBOTE DER WAHRHEIT

Code zum Freischalten der Ressource: 222

(Sie benötigen ihn, nachdem Sie Ihr Konto erstellt haben)

EINLEITUNG

Die Suche nach der Wahrheit scheint eine natürliche Neigung des Menschen zu sein. Sie zu finden ist hingegen ein Privileg, das nur wenigen vorbehalten ist. Als ich dieses Werk vor einigen Jahren schrieb, war es meine Absicht, dazu aufzurufen, nicht mehr nur in der Außenwelt nach Antworten zu suchen, sondern ein ruhigeres Leben zu führen, in dem Frieden und Liebe jeden Tag unser Herz regieren.

Die einzige Wahrheit kennenlernen hat sich ebenso wie mein eigenes Leben verändert. In dieser neuen Ausgabe wurden die Reihenfolge, die Worte und vor allem die Absicht geändert. Früher war es das Ziel, die Welt zu erwecken. Heute bleibt dieses Ziel zwar bestehen, aber es geht auch darum, die Binde von unseren Augen zu nehmen, um über das Offensichtliche hinauszuschauen und vor allem die innere Welt zu erwecken: den einzigen Raum, von dem aus es möglich ist, eine echte Veränderung im Außen zu sehen.

Im Laufe meiner Erfahrungen habe ich gelernt, bestimmte Gesetze, Muster, Überzeugungen und Handlungen zu erkennen, die es uns ermöglichen, über das hinauszugehen, was wir mit den Augen des Egos erreichen können. Ich habe entdeckt, wie wir das Leben zu unseren Gunsten beeinflussen können, damit es uns das bietet, wonach wir uns sehnen. Und ich habe auch etwas Befreiendes entdeckt: Alles, was ich sehe, habe ich selbst erschaffen. Dazu gehört auch das, was wir „Matrix" oder „System" nennen. Das mag mystisch klingen, ist es aber nicht.

Mit diesem Buch möchte ich Ihnen verständlich machen, dass Sie nie von der Wahrheit getrennt waren, auch wenn wir uns dafür mit Konzepten befassen müssen, die der rationale Verstand nicht immer erfassen kann.

Zu lange haben wir auf die Stimme des Egos gehört, die uns einflüstert, dass „da draußen" jemand die Kontrolle hat. Aber es ist an der Zeit, sich mit der Wahrheit auseinanderzusetzen. Auf dieser irdischen Ebene gibt es nur zwei Wege: sich vom Ego (verbunden mit dem Teufel, der Negativität) beherrschen zu lassen oder sich von Gott – der Göttlichkeit, dem höheren Bewusstsein, der Positivität – leiten zu lassen.

In der vorherigen Version dieses Buches erwähnte ich, dass es viele Wahrheiten gibt. Und das stimmt, es gibt sie. Aber keine von ihnen ist die einzige. Heute möchte dieser Text den Leser mit dieser Wahrheit erfüllen, die keine Zweideutigkeiten zulässt.

Zweifel, Unsicherheit und Misstrauen haben nur dazu geführt, dass wir ziellos umherirren, besonders wenn Widrigkeiten an unsere Tür klopfen. Mit jeder Seite dieses Buches kehren Sie an den einzigen Ort zurück, an dem Sie immer gewesen sind: das Hier und Jetzt.

Wir werden uns mit tiefgründigen und spirituellen Konzepten befassen, aber auch mit praktischen und weltlichen Aspekten. Sie werden entdecken, dass sich die äußere und die innere Welt beim Aufbau eines Lebens voller Freude oder Leid eng ergänzen. Und dass wir Menschen über eine Superkraft verfügen, die fast immer schlecht genutzt wird: die Entscheidung.

„Erkenne die einzige Wahrheit" soll Ihnen helfen, das zu erkennen, was schon immer in Ihnen war: diese angeborene Kraft, die wir lieber nicht sehen wollten oder die wir für Zwecke eingesetzt haben, die nichts mit unserem wahren Wesen zu tun haben. Es ist an der Zeit, die Liebe über alles andere zu stellen. Es ist an der Zeit, sich daran zu erinnern, dass wir alle eins sind.

Bevor wir fortfahren, lade ich Sie ein, tief durchzuatmen und alle Erwartungen loszulassen: mir gegenüber, diesem Buch gegenüber oder der einzigen Wahrheit selbst gegenüber. Wenn Sie den ersten Teil lesen, werden Sie den tiefgreifenden Unterschied zwischen Erwartungen an etwas und der Aussaat von Absichten verstehen. Die meisten Menschen setzen ihre Hoffnungen auf Äußerlichkeiten, und das bringt nur Schmerz.

Der erste Schritt besteht darin, den Schleier zwischen Ihnen und der Realität zu lüften. Wir werden dies nicht auf einen Schlag tun, denn das Entfernen einer Bandage, die so lange getragen wurde, kann schmerzhaft und blendend sein. Das Ego – diese innere, geschwätzige und einschränkende Stimme – werden wir zu unserem Vorteil nutzen, anstatt gegen uns. Sie werden entdecken, wie es still und leise Ihr Leben bestimmt hat und wie Sie es zu einem Verbündeten machen können, um ein neues Leben und eine neue Realität zu schaffen.

Wenn wir schließlich den Sprung wagen und der Schleier weitgehend fällt, können wir vorankommen. Würden wir dies früher tun, würde sich der Geist wieder mit Zweifeln und Verwirrung füllen und den Schleier, der diese Welt bedeckt, die für die meisten Menschen „die Realität" zu sein scheint, noch weiter verstärken. Hier werden Sie verstehen, warum dies nicht der Fall ist und warum der Glaube daran Sie davon abgehalten hat, Ihr wahres Potenzial auszuschöpfen.

Wenn Sie das Leben ohne die Augenbinde betrachten, die heute Ihre Realität verdeckt, werden Sie nicht nur beginnen zu verstehen, sondern auch zu begreifen. Das Verstehen gehört zum Verstand, das Begreifen hingegen umfasst ein tiefes Gefühl, das offenbart, dass die Wahrheit schon immer ein Teil von Ihnen war.

In dieser Phase beginnt Ihr Ego, Teile zusammenzufügen, zu fühlen, zu reflektieren und das in Frage zu stellen, was Sie seit Ihrer Geburt für real gehalten haben. Dies ist der pragmatischste Teil des Buches und für manche vielleicht der anspruchsvollste. Wenn Sie ihn jedoch ohne die Binde betrachten, die Sie zuvor getragen haben, wird er befreiend und zutiefst transformierend sein.

Während wir diese Reise fortsetzen, werden die Grenzen verschwimmen und die Barrieren werden eine nach der anderen fallen, wie Dominosteine.

Mit diesem Werk, das Sie nun in Ihren Händen halten, lade ich Sie ein, es zu ehren, zu respektieren und als das zu behandeln, was es wirklich ist: eine Erweiterung Ihrer selbst. Was Sie weiterhin lesen, fühlen und erleben werden, gehört Ihnen, und in dieser Erkenntnis beginnt der Weg zur einzigen Wahrheit.

KAPITEL 1

SPIELEN IN DER MATRIX

SEBASTIAN SANN

DIE WAHRE WAHRHEIT

„Haben Sie jemals das Gefühl gehabt, die Wahrheit zu kennen, aber nicht danach leben zu können?"

Die Matrix ist nicht digital, sie ist emotional. Die Grundlagen der Wahrheit zu schaffen, ist das, was uns ermöglicht, einen kraftvollen Inhalt aufrechtzuerhalten. Wir Menschen spielen ein dualistisches Spiel. Das Problem ist, dass viele nicht einmal wissen, dass sie sich in einem Spiel befinden, und andere spielen es, ohne die Regeln zu kennen. Es gibt diejenigen, die sich für große Meister halten, aber sich über andere ärgern. Andere behaupten, große Schüler zu sein, ärgern sich aber, wenn sie korrigiert werden.

Dualität ist das Gegenteil von dem, was uns gelehrt wurde: Sie ist keine Trennung, sondern Vereinigung. Wir teilen sie nur, um sie mit Worten erklären zu können, aber bei genauerer Betrachtung zeigt sich, dass es sich nicht um zwei verschiedene Dinge handelt, sondern um ein einziges, das aus zwei Blickwinkeln betrachtet wird. Licht und Schatten, Leben und Tod, Freude und Schmerz ... alles ist Teil desselben Herzschlags.

Betrachten Sie es einmal so: Um dieses Buch lesen zu können, mussten Sie es zuvor nicht gelesen haben. Wenn Sie es nur lesen würden, ohne sich dessen bewusst zu sein, was Sie zuvor nicht gelesen haben, könnten Sie es nicht wahrnehmen. Das klingt paradox, aber genau dieses Paradoxon offenbart eine tiefere Wahrheit: Alles geschieht gleichzeitig, auch wenn wir nur einen winzigen Teil des Ganzen wahrnehmen.

Was Sie als „Ihre Realität" bezeichnen, ist nur das Echo dessen, was Ihre begrenzte Wahrnehmung aushalten kann, ohne zusammenzubrechen. Die Augenbinde, die Sie tragen, hat Sie daran gehindert, die Dinge so zu sehen, wie sie sind, aber ihre bloße Existenz bedeutet, dass es einen Moment gab – wenn auch nur einen flüchtigen –, in dem Sie sie nicht trugen. Diese in Ihrer Seele verborgene Erinnerung hat Sie hierher gebracht.

Wenn ein Mensch aufhört, als Sklave einer einzigen Polarität zu leben, und versteht, dass jede Seite der Medaille die andere enthält, beginnen seine Grenzen eine nach der anderen zu bröckeln. Die Welt, in der man sich befindet, zu verstehen, ist keine Option: Es ist der erste echte Schritt, um etwas anderes zu wählen und sich folglich zu deprogrammieren.

Denken Sie einen Moment darüber nach: Was wäre, wenn Sie selbst das System, das Sie kontrolliert, unbewusst programmiert hätten? Das ist nicht nur eine provokante Frage. Es ist eine direkte, e Aufforderung, den Autopiloten auszuschalten. Dieses Denksystem, das absolut alles in Ihrem Leben steuert, ohne dass Sie es merken.

Wir werden Schritt für Schritt vorgehen, um die Überzeugungen zu beseitigen, die Sie heute daran hindern, Sie selbst zu sein. Sie sind wie Steine, die Ihre Seele belasten, und es ist dringend notwendig, sie loszulassen. Am Ende des Buches wird keiner mehr übrig sein. Aber jetzt gibt es Arbeit zu tun.

Wir neigen dazu zu glauben, dass wir unserem Leben Dinge hinzufügen müssen: mehr Gegenstände, mehr Aktivitäten, mehr Wissen, mehr Bestätigungen. Das Paradoxe daran ist jedoch, dass es beim Erinnern daran, wer Sie sind, nicht darum geht, etwas anzuhäufen, sondern loszulassen.

Eines der tiefsten Geheimnisse, das Sie jetzt integrieren können, ist, dass Sie nicht gekommen sind, um sich anzuhaften, sondern um loszulassen. Sie sind nicht hier, um anzuhäufen, sondern um loszulassen. Die wahre Aufgabe in diesem Spiel ist Loslassen. Das bedeutet nicht, dass Sie keine Dinge „besitzen" werden (wie Sie später sehen werden, sind Sie gekommen, um zu verwalten, nicht um zu besitzen), aber Sie müssen genug Klugheit entwickeln, damit die Dinge, die Sie besitzen, Sie nicht besitzen.

Und nein, das ist nicht Teil eines neuen Trends, der behauptet, dass nichts von Bedeutung ist. Im Gegenteil: Es ist Teil eines authentischen Weges ( ), auf dem Sie Ihre Anhaftungen erkennen, aber verstehen, dass Sie viel mehr sind als diese.

Dieses Buch wurde nicht geschrieben, um Ihren Charakter zu verbessern. Es wurde geschrieben, um ihn zu zerstören. Und genau das werden wir als Erstes auf dieser Reise tun.

STOP 1: DEN CHARAKTER ZERSTÖREN

„Der Teil von Ihnen, der vor Angst zittert, muss eine Art Kreuzigung erleiden, damit der Teil von Ihnen, der größere Ehre verdient, eine Art Wiedergeburt durchlaufen kann."

In vielen Zirkussen auf der ganzen Welt bleiben erwachsene Elefanten an einem einfachen Pfahl im Boden angebunden. Es gibt keine schweren Ketten oder Stahlkäfige. Nur ein dünnes, kaum gespanntes Seil, von dem jeder denken würde, dass sie es leicht zerreißen könnten. Aber das tun sie nicht. Sie entkommen nicht. Sie versuchen es nicht einmal. Was ist los?

Die Antwort liegt in der Vergangenheit.

Als diese Elefanten klein waren, wurden sie mit demselben Seil angebunden. Damals hatten sie nicht genug Kraft, um sich zu befreien, obwohl sie es mit aller Kraft versuchten. Tag für Tag kämpften sie gegen diese Grenze ... bis sie nach vielen erfolglosen Versuchen einfach aufhörten, es zu versuchen.

Als sie klein waren, wurde ihnen unbewusst die Überzeugung eingeimpft, dass eine Flucht unmöglich sei.

Mit der Zeit wuchs ihr Körper, aber ihre Überzeugung änderte sich nicht. Als sie schließlich stark genug waren, um sich mühelos zu befreien, taten sie es nicht. Sie versuchten es nicht mehr, weil sie weiterhin davon überzeugt waren, dass es sinnlos war. Das Seil fesselte sie nicht mehr ... was sie gefangen hielt, war ihr Geist.

> *„Was du in der Vergangenheit gesät hast, erntest du in der Gegenwart. Was du in der Gegenwart säst, wirst du in der Zukunft ernten."*

Viele glauben, dass Erwachen bedeutet, inspirierende Sprüche zu sammeln, zu meditieren oder sich gesund zu ernähren. Aber das wahre Erwachen beginnt, wenn wir uns dem stellen, was wir an uns selbst nicht sehen wollen. Gerade in unserem dunkelsten Teil, in unseren Ängsten, liegt das größte Wachstumspotenzial.

Das, was als „der Schatten" – oder psychologisch als „das Unbewusste" – bekannt ist, birgt unsere tiefsten Geheimnisse und auch unsere größte verborgene Kraft.

Eine Zeit lang habe ich auf Instagram eine Serie namens *„Los falsos espirituales"* (*Die falschen Spirituellen*) veröffentlicht. Ich habe auf Kommentare mit direkten Überlegungen geantwortet, mit dem Ziel, die unbewussten Mechanismen aufzuzeigen, die viele als Wahrheit verteidigen. Das Kuriose daran war, dass die meisten sofort beleidigt waren. Nicht weil das, was ich sagte, gewalttätig war, sondern weil es einen Teil ihrer Persönlichkeit berührte, den sie noch nicht bereit waren loszulassen.

Diese Serie hat mir zwei Erkenntnisse gebracht:

1. Die Antworten waren nicht für sie, sondern für mich.
2. Die Antworten waren nicht für alle gedacht, sondern für diejenigen, die es wagten, über ihr Ego hinauszuschauen.

Seitdem habe ich etwas verstanden, das ich ganz offen sagen werde: Es ist mir egal, wer Sie zu sein glauben. Sie werden das jetzt hinter sich lassen.

Denn ich weiß, was Sie wirklich wollen. Sie wollen Wahrheit, aber auch ein erfüllteres Leben. Vielleicht eine Familie gründen, Ihre Beziehung verbessern, mehr Geld verdienen oder lernen, das zu genießen, was Sie haben, ohne Schuldgefühle. Vielleicht wollen Sie aufhören zu überleben und anfangen zu leben. Die Details spielen keine Rolle. Was zählt, ist, dass Sie das, was Sie suchen, nicht finden werden, wenn Sie so bleiben, wie Sie bisher waren.

Und Sie sind nicht allein. Wir alle spielen irgendwann einmal das gleiche Spiel. Wir glaubten, dass die Rolle, die wir spielten, real war. Wir identifizierten uns mit dem, was wir haben, mit dem, was wir denken, mit dem, was uns wehgetan hat, mit dem, was wir falsch gemacht haben. Und daraus haben wir eine begrenzte Identität aufgebaut.

Das Problem ist nicht, dass sie falsch ist. Das Problem ist, dass sie unvollständig ist. Und das Unvollständige wird, wenn es als Wahrheit verteidigt wird, zu einem Gefängnis.

Diese Figur besteht aus unbewussten Überzeugungen, vererbten Mustern, geliehenen Ideen und ungelösten Schmerzen. Sie lebt gefangen in dem, was ich die *inaktive Seite* nenne: die Seite des Schmerzes, der Klage, der Schuld, der Bestrafung, der Knappheit und der Angst. Es ist die Seite des Lebens, auf der das Ego herrscht, auch wenn es sich als Spiritualität oder gute Absichten tarnt.

Aber es gibt auch die Aktive Seite der Unendlichkeit. Einen Raum, in dem es Zugang zu seiner wahren Identität erhält, wo es sich mit Gott, mit der Quelle, mit der Wahrheit in Einklang bringt. Ein Raum, in dem das Leben nicht reagiert, sondern geschaffen wird.

Der Unterschied zwischen der einen und der anderen Seite? Die Wahl. Nur kann man nicht wählen, wenn man die Augenbinde nicht abnimmt. Und diese Augenbinde ist die Persönlichkeit. Deshalb werden wir sie als Erstes zerstören. Denn wenn Sie das nicht tun, werden Sie alles, was Sie in diesem Buch lesen, aus diesem Gefängnis heraus interpretieren. Und das möchte ich Ihnen nicht zumuten.

Deshalb hier die erste große Frage: Sind Sie bereit, aufzuhören, der zu sein, der Sie zu sein glauben?

Wenn Ihre Antwort „Ja" lautet, dann haben Sie sich bereits entschieden. Und wenn man sich mit der Seele entscheidet, verändert sich die Realität.

Bevor wir weitermachen, möchte ich Sie daher bitten, Folgendes loszulassen. Das ist keine Strafe, sondern ein Akt der Befreiung. Wir tun dies, um uns auf die Wahrheit einzustimmen. Kein Mensch kann sich mit der Quelle verbinden, wenn er sich nicht aktiv darauf einlässt. Und die Quelle ist gerade jetzt bei uns; sie nicht zu sehen, ist genau das Problem.

Aus diesem Grund werden Sie in diesem ersten Schritt beginnen, die Wahrheit zu leben. Denn die Wahrheit wird nicht gefunden, sie wird gelebt. Und dafür ist es unsere Aufgabe, Ballast abzuwerfen, die Augenbinde abzunehmen und den tatsächlichen Schritt zu tun.

Ist das unangenehm? Ja.

Wollen Sie das nicht tun? Vielleicht.

Wird es Sie auf eine andere Ebene des Verständnisses bringen? Zweifellos.

DINGE, DIE SIE AB HEUTE AUFGEBEN WERDEN

- **Laster** (Pornografie, Videospiele, Zigaretten oder jede andere Gewohnheit, die Ihnen Energie raubt).

- **Drogen** (Alkohol, Marihuana oder jede andere Substanz, die Sie aus Ihrem Gleichgewicht bringt).

- **Urteile über andere** (Sie sind nicht mehr der Richter über andere).

- **Einschränkende Umgebungen** (alte Kleidung, stagnierende Orte, Menschen, die Ihnen Energie rauben).

- **Giftige Lebensmittel** (hören Sie auf, Ihren Körper, Ihren Geist und Ihre Seele mit verarbeiteten Lebensmitteln und Chemikalien zu vergiften).

- **Umgebungen mit niedriger Schwingung** (leere Partys, Geschrei, Konsum von Angst).

- **Giftige soziale Netzwerke** (hören Sie auf, denen zu folgen, die Ihr Bewusstsein nicht erweitern).

- **Nachrichtensendungen** (die darauf programmiert sind, Sie mit Angst und Ablenkung zu füllen).

Warum ist das notwendig?

Weil ein vergifteter Mensch nichts sehen kann, weder außen noch innen. Wenn Sie die Wahrheit erfahren wollen, müssen Sie sich zuerst von allem befreien, was Ihnen die Sicht versperrt. Dies nicht zu tun, wäre so, als wollten Sie mit einer zerkratzten oder schmutzigen Windschutzscheibe vorankommen. Zuerst reinigen wir sie, dann fahren wir mit Klarheit, Überzeugung und Sicherheit weiter.

Wenn Sie erwartet haben, dass ich Ihnen hier eine gebrauchsfertige Wahrheit liefere, haben Sie sich im Autor und im Buch geirrt.

Ich bin nicht gekommen, um Ihnen eine Wahrheit zu geben. Ich bin gekommen, um Sie anzuleiten, damit Sie die einzige Wahrheit selbst entdecken können. Und das erreicht man nicht, indem man Sätze, Verschwörungstheorien oder Wissen anhäuft. Man erreicht es, indem man Schichten abträgt, bis das wahre Selbst, das erhabene „Ich", zum Vorschein kommt.

Darüber werden wir später sprechen. Betrachten Sie dies vorerst als eine erste Reinigung. Als symbolische Handlung. Als Wiedergeburt.

Wenn Ihnen etwas, was Sie lesen, unangenehm ist, wenn Sie glauben, dass Sie es nicht tun sollten oder dass es nicht notwendig ist, stellen Sie sich ehrlich die Frage:

Lese ich dieses Buch, um zu lernen oder um zu bestätigen, was ich zu wissen glaube?

Aus meiner Sicht ist es unlogisch, ein Buch zu lesen, wenn man glaubt, bereits alle Antworten zu kennen, denn in diesem Fall würde man nur seine Arroganz und seinen Mangel an Demut bekräftigen. Wenn Sie sich entschieden haben, dieses Buch zu kaufen oder Ihre Zeit darauf zu verwenden, es zu lesen, weil Sie ahnen, dass es Ihnen helfen kann, Ihr Leben zu verändern, dann sollten Sie sich zumindest in einen empfänglichen Zustand versetzen, sich führen lassen und dafür sorgen, dass sich Ihre investierte Zeit wirklich lohnt.

Wie viele Menschen kaufen Kurse, Bücher, Schulungen, Retreats, besuchen Veranstaltungen ... und dann bleibt ihr Leben genau gleich? Haben Sie sich das schon einmal gefragt? Ich schon. Oft sogar. Und ich habe es zu Beginn meiner „Suche nach Wissen" am eigenen Leib erfahren. Ich habe Informationen konsumiert, ohne sie anzuwenden, in der Hoffnung, etwas Neues zu entdecken, das mein Leben verändern würde. Aber nichts änderte sich, weil das Wesentliche – ich als Schöpfer – sich nicht änderte. Meine Haltung beim Zuhören von Mentoren oder Autoren war arrogant, ausgehend von der Einstellung „Ich ch weiß schon alles". Und wenn man sich in dieser Haltung befindet, schließt sich der Wissensspeicher. Es kommt nichts mehr hinein.

Wenn Sie also weiterlesen möchten, leeren Sie den Tank. Investieren Sie Ihre Zeit sinnvoll und lassen Sie sich führen, denn...

„Glaube ohne Taten ist toter Glaube."

Nachdem das gesagt ist, lassen Sie uns mit dieser Reinigung und Ausrichtung fortfahren und alles loslassen, was Sie gerade beschäftigt, vom Tiefsten bis zum Überflüssigsten.

Die Wahrheit hat stark angefangen, ja. Aber keine Angst: Wenn dieses Buch in Ihre Hände gelangt ist, dann deshalb, weil Sie bereit sind, es zu lesen. Sie sind bereit, alle Informationen und Anweisungen zu erhalten, damit diese „Veränderung", um die Sie das Universum sicherlich gebeten haben, endlich wirklich Gestalt annimmt. Sonst wäre es Ihnen nie über den Weg gelaufen.

STOP 2: DIE KUNST DER LOSLASSUNG

Nur wenige beherrschen diese Kunst, und doch ist sie eine der wichtigsten, um alle anderen aufrechtzuerhalten. Seltsam, nicht wahr? Die Kunst der Loslösung – die Kunst des Loslassens – ist paradoxerweise diejenige, die uns am meisten Halt gibt.

Mit der Zeit entdeckte ich eine sehr einfache Philosophie: Wenn Sie nicht wollen, dass etwas Sie besitzt, besitzen Sie nichts. Und wenn etwas in Ihr Leben kommt, verstehen Sie, dass Sie es nur für eine gewisse Zeit verwalten.

Aber warten Sie ... ich sage nicht das, was Sie denken.

Nichts zu besitzen bedeutet nicht, dass Sie sich dieses Auto oder dieses Haus nicht kaufen können oder dass Sie wie ein Mönch im Himalaya leben oder ein Hippie in Indien werden müssen.

Im Jahr 2024 zog ich einen Porsche Cayman S in mein Leben, einen wunderschönen Sportwagen, der einen Wendepunkt in meinem Leben markierte. Aber nicht aus dem offensichtlichen Grund – nicht, weil ich der erste Mensch in meiner Stadt und Umgebung war, der einen Sportwagen dieser Klasse jeden Tag vor seiner Haustür stehen hatte –, sondern weil dieses Auto meine Anhaftungen, meine Grenzen und meine Ängste wie nichts anderes zuvor ans Licht brachte.

In den ersten Tagen, in denen ich ihn in meiner Garage hatte, bemerkte ich, wie ich mich immer mehr an Details klammerte: , ob er Kratzer hatte, ob er beim Fahren den Boden berührte, ob er schmutzig wurde ... und so weiter und so fort.

Meine expansive Absicht – eine Angst zu überwinden und als junger Schriftsteller in einem Dorf mit 1500 Einwohnern einen Sportwagen zu kaufen – wurde von meinem Ego überschattet, das mich jeden Tag daran erinnerte, wie „gefährlich" meine Entscheidung war.

Als ich merkte, was vor sich ging, begann ich schnell Maßnahmen zu ergreifen. Zuerst beobachtete ich es. Jedes Mal, wenn diese kleine Stimme der Angst mit einem negativen Kommentar auftauchte, erkannte ich sie und übergab sie Gott, indem ich mir Dinge sagte wie: *„Wenn es zerkratzt wird, dann musste es so sein."* *„Wenn es unten aufsetzt, dann musste es so sein."* *„Ich habe es gekauft, um andere zu inspirieren, nicht damit ihm nichts passiert."*

Nach und nach begann ich, meinen Geist umzuprogrammieren. Ich hörte auf, in Alarmbereitschaft zu leben. Ich hörte auf, mich vor der Welt zu schützen. Und ich begann, mich ihr hinzugeben.

Ich ersetzte meine destruktiven Gedanken durch neutrale, reale und auch positive Gedanken. Und mit dieser Veränderung begann die Magie.

Ich begann, Videos über das Auto und die Loslösung in den sozialen Netzwerken zu teilen, und sie wurden viral. Zuerst verstand ich nicht , welchen Zweck Gott mit diesem Auto für mich hatte. Aber nachdem ich gesehen hatte, wie viele Videos, in denen ich unter anderem davon sprach, dass das Auto eine Leihgabe Gottes sei, dass ich es von ihm miete und nur für eine Weile verwalte, bei Tausenden von Menschen Anklang fanden, wurde mir klar, was es bedeutete.

Ein einfaches Metallobjekt ermöglichte es mir, der Welt eine Lebensweise zu zeigen, die von Losgelöstheit geprägt ist. Eine echte Lebensweise, die mit der universellen Wahrheit und damit mit der unendlichen Quelle, mit dem Bewusstsein, das alles erhält, verbunden ist.

Ich wusste, dass ich es nur verwaltete. Aber manchmal überzeugen wir uns selbst davon, dass die Dinge länger halten sollten. Und dann machen wir uns das Leben wieder schwer: Wir glauben, dass materielle Dinge uns das Glück bringen, das wir suchen… obwohl in Wirklichkeit nichts auf der Welt uns das geben kann, was wir wirklich suchen: Frieden.

Wir werden oft Glück empfinden, mit vielen Dingen. Aber es ist nichts, was von Dauer ist oder Bestand hat, denn es ist etwas Weltliches. Frieden hingegen braucht keinen Grund.

Die Lebensweise, die Sie in diesem Buch lernen werden, ist das Gegenteil von der Welt. Ich werde Ihnen die Wahrheit zeigen, damit Sie in ihr leben können.

Dieser Prozess beginnt mit Worten und Offenbarungen wie diesen. Aber sobald Sie sich auf diesen Weg begeben haben, wird es Ihnen unmöglich sein, das Leben wieder so zu sehen wie zuvor.

Damit will ich nicht sagen, dass Sie keine materiellen Dinge haben sollen. Ich sage nur, dass Sie nicht glauben sollen, dass sie Ihnen gehören. Und dieser Unterschied verändert alles.

Wenn Sie ein Auto kaufen, gehört es Ihnen pragmatisch gesehen natürlich. Aber spirituell gesehen gehört es Ihnen nicht: Es ist nur eine Leihgabe Gottes.

Warum ist Ihr Auto nicht Ihr Auto, sondern nur eine Leihgabe Gottes? Weil die Wahrnehmung, die uns glauben lässt, dass etwas „uns gehört", nur das sieht, was unsere weltlichen Augen wahrnehmen, die unfähig sind, die spirituelle Realität der Situation zu erkennen: dass alles Gottes Werk ist.

Die Dunkelheit ist nicht real, sie ist nur die Abwesenheit von Licht. Deshalb ist das, was Sie in einem bestimmten Moment als „Verlust" bezeichnen, nur eine Illusion, die durch Ihre Wahrnehmung entsteht, die Ihnen sagt, dass etwas da war und jetzt nicht mehr da ist. Genauso ist das, was Sie als „Gewinn" bezeichnen, auch eine Illusion: Sie haben das Gefühl, etwas zu haben, weil Sie es vorher nicht hatten.

Keines von beiden ist real. Sie erlangen nur aus der Sicht des Egos „Realität". Und das Problem ist, dass sich das Ego mit der Form identifiziert, ohne zu sehen, was die Form aufrechterhält. Das ist der Schleier, den wir zu lüften beginnen.

Um voranzukommen und die Figur zu erschaffen, mit der wir in dieser Matrix spielen werden, und um die einzige Wahrheit zu entdecken, ist es unerlässlich, mehr loszulassen, als wir festhalten. Und diese Loslösung beginnt nicht im Äußeren, sondern im Inneren. Sie wird zuerst auf der spirituellen Ebene aktiviert und spiegelt sich dann auf der materiellen Ebene wider.

Es geht nicht darum, ohne zu leben, sondern darum, zu lernen, zu haben, ohne dass es uns besitzt. Das bedeutet nicht, dass wir nichts kaufen, genießen oder benutzen dürfen, sondern dass wir dabei daran denken, dass alles, was in unser Leben kommt, nur vorübergehend ist: eine Leihgabe, die wir früher oder später zurückgeben müssen. Dieser „irgendwann" kann sein, wenn wir diesen Körper verlassen, oder sogar viel früher. Aber wenn unser Frieden davon abhängt, dann ist es kein Frieden.

> *„Wahre Kraft liegt nicht im Festhalten, sondern im Loslassen, ohne sich selbst zu verlieren. Denn das Einzige, was Ihnen wirklich gehört, ist Ihre Entscheidung."*

Dieses Prinzip ist nicht symbolisch. Es ist eine Lebensweise. Und wenn Sie es verkörpern, schaffen Sie die Grundlage, die es Ihnen ermöglicht, die Außenwelt zu ertragen, ohne dass sie Sie zu Fall bringt: eine solide innere Welt des Überflusses, in der Loslassen keine Anstrengung mehr ist, sondern zu einer grundlegenden, natürlichen und befreienden Philosophie wird.

In diesem Spiel ist das Einzige, was beständig ist, die Veränderung. Und wenn Sie an Dingen hängen, schließen Sie einen direkten Vertrag mit dem Leiden, denn in der Außenwelt ist alles in ständiger Bewegung. Alles wandelt sich, alles verändert sich, alles vergeht.

Wenn Sie erkennen, dass die Vorstellung „das gehört mir" nur ein Glaube ist, ergibt sich die Möglichkeit, diese Anhaftung zu überwinden. Und wenn Sie loslassen, schafft das Platz in Ihrem Leben, um das zu empfangen, was Sie schon immer wollten, aber nicht mehr aus einem leeren Verlangen heraus, sondern aus der inneren Gewissheit, dass es Ihnen zusteht … gerade weil Sie aufgehört haben, es zu verfolgen, und zu jemandem geworden sind, der damit umgehen kann.

Es ist nicht dasselbe, eine Leere zu füllen, wie aus der Fülle heraus zu manifestieren. Es ist nicht dasselbe, sich anzustrengen, um etwas zu erreichen, wie es durch seine Schwingung anzuziehen.

98 % der Weltbevölkerung rennt ständig hinter der Karotte her. Sie machen sich selbstständig, um „frei zu sein", um Geld zu verdienen und sich Dinge zu kaufen. Sie studieren, um einen Job zu bekommen, Geld zu verdienen und sich Dinge zu kaufen.

Immer etwas tun, um etwas zu bekommen, anstatt innezuhalten, nach innen zu schauen, die Leere anzunehmen, ein Licht in der Dunkelheit anzuzünden, den Schatten anzuschauen und ihn mit Präsenz zu füllen. Und darin liegt der Schlüssel. Nicht in der Anstrengung, sondern in der Hingabe. Nicht in der Kontrolle, sondern in der Hingabe.

Fahren wir fort.

Wir gehen zur nächsten Phase über: die Figur zu erschaffen, die dieses Spiel spielen wird.

In der ersten Phase haben wir uns darauf konzentriert, die vergangene Version zu zerstören, indem wir sie mit Liebe, Verständnis und Dankbarkeit betrachtet haben. Jetzt geht es darum, mit Absicht etwas Neues aufzubauen. Wir haben einen ersten Schritt gemacht. Jetzt machen wir den dritten. Den zweiten hat Gott bereits gemacht.

STOP 3: DEN CHARAKTER ERSTELLEN

„Du kannst alles sein, tun und haben, was du dir im Leben wünschst."

Dieser Satz hat mein Verständnis von „Realität" völlig geprägt. Er klingt einfach, birgt aber das wichtigste Geheimnis, mit dem wir Menschen ausgestattet sind: ein vergessenes Geheimnis, das von vielen verdreht und von ebenso vielen missbraucht wird.

In diesem Teil erhalten Sie eine klare, präzise und unumwundene Anleitung, wie Sie das werden können, was Sie schon immer sein wollten, wie Sie das tun können, was Sie schon immer tun wollten, und wie Sie das haben können, was Sie schon immer haben wollten. Sie werden sehen, dass daran nichts Mystisches ist, sondern dass es praktisch, einfach und vollständig im Einklang mit den universellen Gesetzen steht. Denken Sie nur an Folgendes:

„Ob Sie glauben, dass es möglich ist, oder ob Sie glauben, dass es nicht möglich ist, Sie werden Recht haben."

Jetzt lernen Sie, auf der positiven Seite des Lebens zu spielen. Sie lernen, mit der Hand Gottes zu spielen und verstehen, wie wichtig dies ist, um absolut alles zu erlang , was Sie sich wünschen.

Aber bevor Sie die Persönlichkeit entwickeln, die für diese Aufgabe notwendig ist, lassen Sie mich Ihnen offenbaren, was das wirklich bedeutet. Diese Persönlichkeit ist keine Maske und keine künstliche Version von Ihnen. Sie ist der reinste Ausdruck Ihrer Seele, die in dieser Dimension verkörpert ist. Sie ist das Werkzeug, mit dem Sie Ihren Lebenszweck verwirklichen, Ihr Bewusstsein erweitern und der Welt dienen werden.

Ich bin sicher, dass Sie zu diesem Zeitpunkt bereits viele Hindernisse hinter sich gelassen haben, und wenn Sie weiterlesen, dann weil Sie sich wirklich der Wahrheit verpflichtet fühlen. Lassen Sie uns also damit fortfahren, den Geist von falschen Fesseln zu befreien.

Da Sie negative und giftige Gewohnheiten und Verhaltensweisen losgelassen haben, können wir nun damit beginnen, neue Lebensweisen hinzuzufügen, die mit der Entwicklung Ihres Selbst im Einklang stehen. Wenn sich ein Mensch auf das konzentriert, was ihn trägt – den spirituellen Teil –, verändert sich sein Leben vollständig. Aber um das Unsichtbare zu sehen, müssen wir lernen, mit neuen Augen zu schauen. Wenn die Binde fällt, entsteht eine klarere, realere und stillere Sichtweise, die schon immer da war, auch wenn wir sie nicht wahrgenommen haben. Das ist die Sichtweise, die alles trägt.

„Die Außenwelt ist nach dem Bild und Gleichnis der Innenwelt geschaffen. Damit etwas existiert, muss es zuerst irgendwo gesehen werden, und dieser Ort ist der Geist."

Achten Sie beim Erschaffen der Figur darauf, dass Sie die oben genannten Punkte einhalten und sich wirklich zu allen bekennen. Wenn dies nicht der Fall ist, lesen Sie dieses Buch nicht weiter. Das ist sehr kategorisch, und ich weiß, dass ich mich damit auf dünnes Eis begebe, aber Sie sind auf der Suche nach der Wahrheit, und das ist unser Anspruch. Ich weiß, dass es einige Dinge gibt, die Sie nur langsam loslassen können, aber wenn Sie an alten Denkgewohnheiten festhalten, wenn Sie an alten Verhaltensweisen festhalten, wenn Sie Ihre Art zu kommunizieren beibehalten, dann erwarten Sie nicht, dass Ihr „wahres Ich" zum Vorschein kommt. Wenn Sie es genau betrachten, dann schaffen wir hier den Raum, in dem die Wahrheit fließen kann. Wenn Sie die beschriebenen Schritte nicht von Anfang an befolgen, wird das Ihren Geist nur noch mehr verwirren. Dies ist kein Buch, um Ihr Ego zu unterhalten, sondern um es zu überwinden. Ich weiß, dass es schwer ist, diese Zeilen zu lesen, aber am schmerzhaftesten ist es, eine Identität zu bewahren, die auf der Angst basiert, die Sie jeden Tag ein bisschen mehr von dem trennt, was Sie wirklich sind und von allem, was Sie tun oder haben können.

Denken Sie daran: Wir müssen das Unbewusste bewusst machen. Und um das zu erreichen, müssen wir loslassen, was wir zu sein glaubten, uns von dieser begrenzten Version lösen, die uns nicht mehr repräsentiert. Viele Menschen konzentrieren sich nur darauf, etwas zu bekommen, und das verstärkt nur die Leere, die sie empfinden. Deshalb bestehe ich so sehr darauf, dass wir zuerst die Schichten der Angst abwerfen, die unsere Sicht trüben.

Dieses Buch wird Sie auf eine neue Ebene bringen. Sie werden Dinge über diese Welt entdecken, die nur wenige ertragen können. Unbequeme Wahrheiten. Gut gehütete Geheimnisse. Erschütternde Enthüllungen. Betrachten Sie diesen ersten

Prozess daher als eine Reinigung. Wir führen eine echte Gehirnwäsche durch, aber nicht wie das System, sondern eine innere, liebevolle und befreiende.

Es werden Dinge zum Vorschein kommen, die Ihnen an sich selbst nicht gefallen. Es werden Mauern und Grenzen auftauchen, die Sie nicht gesehen haben oder von denen Sie nicht wussten, dass Sie sie haben. Es werden innere Widerstände, Konflikte, weil Sie Anweisungen nicht befolgen wollen, und als Skepsis getarnte Wut zum Vorschein kommen.

Konflikte wie: *„Sollte dieses Buch nicht von Außerirdischen, der okkulten Elite und Verschwörungen handeln? Und jetzt sagen Sie mir, dass ich zuerst meine Augenbinde abnehmen muss und Sie mir noch nichts Äußeres offenbaren?"* Derjenige, der sich beschwert, ist Ihr Ego. Sie werden zunehmend lernen, es zu zähmen und zur Wahrheit hin zu lenken. Das ist das Ziel, und daran arbeiten wir.

Ich sage Ihnen nur, dass Sie das, was jetzt geschieht, nicht unterschätzen sollen. Das Lesen dieses Buches schafft neue Verbindungen in Ihrem Wesen, und wir stehen erst am Anfang.

> *„Was hineinkommt, schafft das, was herauskommt.*
> *Deshalb achtet ein weiser Mensch nicht nur darauf, was*
> *er isst, sondern auch darauf, was er hört und liest."*

Nun möchte ich Ihnen etwas Wichtiges offenbaren: Was wir früher „Teufel" und „Gott" nannten, sind nur zwei Seiten derselben Medaille. Sie sind dasselbe, wirken aber unterschiedlich. Der Teufel ist der Teil, der Sie betäubt, der die Illusion verstärkt, der Sie im Schlaf halten will (negativer Pol). Gott ist der

Teil, der Sie anregt, der Sie daran erinnert, wer Sie sind, der Ihnen zeigt, dass Sie auch mit der Augenbinde„ " sehen können oder dass Sie sie jederzeit abnehmen können (positiver Pol).

Symbolisch steht die „Binde" für Gedanken, Überzeugungen, Emotionen und Muster, die Ihre Sicht trüben. Sie hindern Sie daran, das Gesamtbild zu sehen, über den Tellerrand hinauszuschauen und außerhalb des Drehbuchs zu leben. Allein durch das Weiterlesen, Verstehen und Anwenden des Gelesenen löst sich diese Binde nach und nach auf.

Auch wenn Sie noch Überzeugungen haben und die Augenbinde noch nicht ganz verschwunden ist, werden Sie beginnen, die Wahrheit in jeder Faser Ihres Wesens zu spüren. Auch ohne sie zu sehen. Denn die Wahrheit sieht man nicht, man erkennt sie.

Außerdem muss man verstehen, dass das, was ich hier erwähne, nichts Neues oder Verborgenes ist. Diejenigen, die das Weltgeschehen beherrschen, wissen das und nutzen es aus. Die mit Macht aufgeladenen Symbole, die „Zufälle", die in Wirklichkeit keine sind... Wer das materielle Spiel beherrscht, tut dies nicht, weil er die Materie beherrscht, sondern weil er weiß, wie er seine Energie nutzen kann: seine Gedanken. Er denkt in Übereinstimmung mit dem, was er will.

Ich erinnere mich noch an das erste Mal, als ich ein spirituelles Erwachen hatte – zumindest nenne ich es so. Ich hatte mein Leben darauf ausgerichtet, Pilot bei der uruguayischen Luftwaffe zu werden, aber aus technischen Gründen wurde mir diese Möglichkeit genommen. In diesem Jahr, als ich mich völlig verloren und orientierungslos fühlte, begann ich, Antworten an dem einzigen Ort zu suchen, an dem sie laut dem System zu finden waren: beim Geld.

Wenn ich eines verstanden hatte, dann war es, dass sich alles darum drehte, zu studieren, um dann einen Job zu bekommen, also dachte ich: *„Was, wenn es einen anderen Weg gibt?"* Diese Frage veranlasste mich, nach Alternativen zu suchen, und während meiner Suche begann ich, Videos darüber anzuschauen, wie das Finanzsystem funktioniert, wie man Geld verdienen kann, ohne zur Universität zu gehen, und zum ersten Mal spürte ich, wie das Wort *„Unternehmertum" in mir* aufkeimte.

Ja, mein erstes Erwachen des Bewusstseins war finanzieller Natur. Ich begann, Bücher über spirituelle Finanzen zu lesen, lernte etwas über die Weltwirtschaft, Immobilien, Methoden, um im Internet Geld zu verdienen, und unzählige andere Dinge. Das Wichtigste: Meine Gehirnwäsche hatte begonnen. Seitdem habe ich das Leben nie wieder auf die gleiche Weise gesehen. Aber natürlich begann ich, ohne es zu merken, einem neuen Ziel nachzujagen. Es ging nicht mehr darum, einen Job zu finden, um Geld zu verdienen, sondern darum, ein Unternehmen zu gründen, um Geld zu verdienen. Ich hatte nur das Mittel geändert, aber mein Fokus lag weiterhin darauf, etwas **zu besitzen**.

Jahrelang scheiterte alles, was ich unternahm. Ich schaffte es mit keinem meiner Projekte, Geld zu verdienen, und das Einzige, was ich erreichte, war, meine Kreditkartenschulden zu erhöhen, die mir mein Vater damals für meine Ausgaben geliehen hatte, teilweise aufgrund meiner Unwissenheit und mangelnden Selbstbeherrschung.

Natürlich endet die Geschichte hier nicht. Nach so vielen Rückschlägen begriff ich endlich, dass ich aufhören musste, etwas zu verfolgen. Ich begann, mich ausschließlich darauf zu konzentrieren, die Person zu erschaffen. Ich konzentrierte mich auf mich selbst, ohne Ablenkungen, und beseitigte alle

Störfaktoren, die meine Tage überschatteten. Das bedeutete, mich von Menschen zu distanzieren, die ich Freunde nannte, keine negativen Nachrichten mehr zu konsumieren und absolut alles zu kontrollieren, was über meine Sinne in mein Umfeld gelangte.

Das erste Mal war das Erwachen äußerlich. Ich sah die Augenbinde und wollte sie mir gewaltsam herunterreißen, nur um eine andere anzulegen. Beim zweiten Mal konzentrierte ich mich nicht mehr auf die Augenbinde und schaute nach innen. Die Augenbinde war immer noch da, aber dank jedes Verständnisses, jeder Reflexion und jeder Widrigkeit, die ich als Lernerfahrung nutzte, schuf ich eine reale Persönlichkeit. Die einzig mögliche: die, die nicht jagt, die erfüllt ist, die vor Liebe vibriert und sich ständig ausdehnt. Die gleiche, die ich Sie jetzt einlade, zu erschaffen.

Um die Figur in dieser Matrix zu erschaffen, werden wir diese Formel als Leitfaden verwenden:

SEIN – TUN – HABEN

Diese Formel ist die Brücke zwischen dem Unsichtbaren und dem Sichtbaren, zwischen dem, was ist, und dem, was Sie erleben. Wenn Sie sie richtig anwenden, können Sie mit Integrität alles manifestieren, was Ihre Seele erleben wollte.

- **SEIN** repräsentiert die innere Welt Ihrer aktuellen Überzeugungen.
- **TUN** repräsentiert die innere Welt Ihrer gegenwärtigen Handlungen.
- **HABEN** steht für Ihre äußere Realität, das, was Sie entsprechend Ihren Gedanken und Handlungen in der vorherigen Zeitlinie angezogen haben.

Um es zu veranschaulichen: Eine Person (Sie) kauft dieses Buch (zieht es in ihr Leben). Dann beginnt sie, es zu lesen (**TUN**). Und als Folge davon erhält sie etwas (**HABEN**). Ersetzen Sie dies durch ein beliebiges Beispiel, und Sie werden sehen, dass es genauso funktioniert. Alles, was wir haben, ist das Ergebnis dessen, was wir getan haben, und alles, was wir getan haben, entspringt unserer Vorstellung davon, wer wir sind.

Wenn uns niemand diese Formel beibringt, landen wir am Ende beim Gegenteil: Wir glauben, dass das, was wir sind, davon abhängt, was außerhalb von uns geschieht (ob es kalt oder warm ist, ob es regnet oder nicht), von dem, was wir tun (ob wir trainieren oder nicht, ob wir essen oder nicht) oder von dem, was wir haben (ob wir die Wahrheit besitzen oder nicht). Diese Haltung – wenn Sie aufgepasst haben – ist die eines Menschen, der auf der passiven Seite spielt: konditioniert und mitgerissen von dem, was im Leben passiert. Ein Mensch auf dieser Seite beschwert sich, rechtfertigt sich und entschuldigt sich ständig. Und natürlich bekommt er mehr davon, denn seine Energie besteht aus Beschwerden, Leiden und Schmerz.

Was wir eigentlich suchen, ist, diese Richtung umzukehren: diejenigen zu sein, die das Leben beeinflussen, während gleichzeitig das Leben uns beeinflusst, in dieser Reihenfolge. Das heißt, auf der aktiven Seite des Unendlichen zu spielen.

Wenn also **TUN** und **HABEN** letztlich eine Folge des **SEINS** sind, ist es dann nicht logisch, unsere Handlungen mit unserem Sein in Einklang zu bringen, um folglich ein anderes Ergebnis zu erzielen?

Das heißt, wenn es darum geht, den „dunklen" Teil bewusst zu machen, dann können wir durch erhabene Handlungen mit unserer höchsten Version in Verbindung treten: diesem Wesen, das geduldig darauf wartet, dass wir es nutzen, um uns im Leben zu entfalten.

Genau das ist es, was Menschen oft zurückhält: Sie glauben, dass sie es nicht können, dass es nichts für sie ist, dass sie scheitern werden. Und genau da schleicht sich der Teufel ein und die Augenbinde klebt wieder.

Um dies zu vermeiden, brauchen wir ein letztes Schlüsselkonzept, bevor wir Ihnen Schritt für Schritt zeigen, wie Sie ab heute den Versuchungen des Teufels widerstehen können.

STOP 4: DER EINZIGE ZWECK DES MENSCHEN

Glauben Sie wirklich, dass ein fokussierter Mensch wieder den Schatten erliegen kann? Die Antwort lautet: Ja, das kann er. Aber die Wahrscheinlichkeit dafür ist viel geringer, wenn er seine Aufmerksamkeit klar und deutlich jede Sekunde auf den Zweck seines Lebens richtet.

Ein auf sein Ziel fokussierter Geist ist eine Bedrohung für den Teufel und die Untertanen des Systems.

Dies lässt sich auf sehr einfache und praktische Weise überprüfen: Gehen Sie an einem belebten Ort die Straße entlang. Richten Sie Ihren Blick dabei mit fester Aufmerksamkeit auf einen Punkt in der Ferne und gehen Sie sicher voran. Die Menschen werden Ihnen Platz machen. Es klingt unglaublich, bis man es selbst erlebt, und dann versteht man, dass Handeln Glauben schafft und dass wir ohne Glauben nichts erreichen können (wir werden später noch näher darauf eingehen).

Warum ist das so? Weil Ihr Verstand Ihre Realität erschafft. Wenn Sie sich auf eine Sache konzentrieren, werden Sie diese auch erreichen. Stellen Sie sich die Szene vor: Sie gehen mit festem, konzentriertem Blick, ohne abzuschweifen, und die Menschen machen Ihnen Platz. Was für einen untätigen Geist ein Hindernis wäre, wird für jemanden, der auf der aktiven Seite des Unendlichen spielt, Teil des Flusses. Ja, die Hindernisse sind immer noch da, aber Sie überwinden sie mit Leichtigkeit.

Dies ist eines der mächtigsten Gegenmittel gegen den Teufel: Aufmerksamkeit. Wenn sie jedoch falsch eingesetzt wird, kann sie Sie auch am schnellsten in seine Fänge bringen.

Denken Sie immer daran: Wenn Sie sich entscheiden, sind Sie in Gott, denn eine Entscheidung ist nur aus einem Geist der Gewissheit heraus möglich. Nicht zu entscheiden hält Sie im Zweifel. Der Zweifel führt zu Unsicherheit, und die Unsicherheit lässt Sie treiben. Und im Treiben ist der Teufel zu Hause.

Es ist wie wenn Sie Hunger haben und den Kühlschrank öffnen: Wenn Sie sich für einen Apfel entscheiden, essen Sie ihn und sind zufrieden. Aber wenn Sie zwischen Apfel, Keks oder Saft schwanken, schauen Sie nur zu, ohne sich zu entscheiden, und am Ende ... steigt Ihr Hunger und gleichzeitig die Wahrscheinlichkeit, dass Sie sich für die schlechteste Option entscheiden.

„Entscheidungen nähren. Zweifel lähmen."

Wenn ein Mensch sich auf der Suche nach der Wahrheit verirrt, anstatt sie jeden Tag zu leben, wird sein Leben langsamer, er verfällt in Lethargie und wartet nur noch auf ein Wunder bis zu seinem Tod, ohne jemals zu verstehen, dass Wunder das tägliche Brot sind, wenn man aus der Wahrheit und für die Wahrheit lebt.

Deshalb werden Sie, während wir voranschreiten, aufhören, sich treiben zu lassen. Sie werden verstehen, dass Sie, wenn Sie die Wahrheit wollen, sie in jedem Moment leben müssen. Ja, sie zu leben bringt Schmerz mit sich, aber keine Sorge: Ihnen, der Seele, die diesen Körper bewohnt, wird es nicht wehtun. Wer leiden wird, ist Ihr Ego, das noch immer Anhaftungen hat. Aber Ihre Wahrheit, das, was Sie wirklich sind, kann nicht leiden . Ihre Wahrheit wartet darauf, jetzt gelebt zu werden. Und genau das werden wir tun.

Viele haben dieses Buch in der Hoffnung aufgeschlagen, dass es ihnen das Geheimnis des Systems offenbart. Und ja, genau das geschieht auch. Nur nicht in Bezug auf das System, an das Sie gedacht haben.

Das von der Elite geschaffene System – mit seinen Medien, Regierungen, Banken, Religionen und Kontrollstrukturen – ist darauf ausgelegt, 98 % der Weltbevölkerung im Schlaf zu halten, gefangen in negativen Gedanken, Angst und Unsicherheit. Das ist das sichtbare, das äußere System, das man untersuchen, anprangern oder stürzen kann.

Aber es gibt noch etwas Unangenehmeres. Denken Sie einen Moment lang über die Antwort auf diese Frage nach, die Ihnen in den Sinn kommen wird: **Was wäre, wenn Sie selbst, ohne es zu merken, das wahre System, das dieses System stützt, installiert hätten?**

Ich sage nicht, dass Sie einer von „ihnen" sind. Ich sage nur, dass Sie, als Sie eingeschlafen sind, die Bedingungen des Spiels akzeptiert haben, ohne die Regeln zu lesen. Jedes Mal, wenn Sie den Fernseher eingeschaltet haben, wenn Sie ohne zu hinterfragen gehorcht haben, wenn Sie gewünscht haben, was man Ihnen gesagt hat, dass Sie wünschen sollen, wenn Sie wiederholt haben, was Sie nicht verstanden haben... haben Sie es genährt. Sie haben nicht die äußere Matrix geschaffen, aber Sie haben Ihre Kompatibilität mit ihr hergestellt. Sie haben sich ein perfektes Bett in diesem Gefängnis gebaut.

Und hier beginnt das wirklich Wichtige.

Ich verstehe die Neugier, die verborgenen Fäden der Welt entdecken zu wollen. Auch ich wollte alles wissen. Aber je mehr ich recherchierte, desto mehr Fragen tauchten auf. Bis ich begriff, dass das wahre System, das ich demontieren musste, mein eigenes war: das innere, das meine Realität erschafft.

Und an diesem Punkt müssen wir brutal ehrlich sein: Wollen Sie wirklich verstehen, wie das äußere System funktioniert, und es „aufdecken"? Oder wollen Sie einfach nur sein, tun und haben, was Sie schon immer wollten?

Das Ego schleicht sich leicht ein. Wir alle haben das schon erlebt, unabhängig von unserem Status in dieser Welt. Wir alle haben ein Ego, niemandem von uns wurde auch nur ein Funken der Wahrheit beigebracht... aber hier sind wir nun, zusammen, und offenbaren dies der Welt.

Denn das System, das alle Systeme erschafft – der Filter, durch den Sie das Leben interpretieren – ist Ihr eigenes.

Ein groß angelegtes Experiment wurde zwischen dem 7. Juni und dem 30. Juli 1993 in Washington D.C. durchgeführt ( ), als sich etwa 4.000 Meditationspraktizierende in der Stadt zu einem prospektiven Projekt versammelten, das auf Hypothesen und einer vorherigen wissenschaftlichen Überprüfung basierte.

Die Autoren berichteten, dass während der Spitzenzeiten der Teilnahme die Gewaltverbrechen gegen Personen um bis zu 23,3 % zurückgingen (und die Gewalt insgesamt laut Analysen um etwa 15–24 % abnahm), wobei das Team statistisch signifikante Ergebnisse meldete.

Die offizielle Interpretation war eindeutig: Veränderungen im „kollektiven Bewusstsein" – was sie als Maharishi-Effekt bezeichnen – wurden mit messbaren Rückgängen der Gewalt in Verbindung gebracht.

Und ja: Diese Ergebnisse haben eine akademische Debatte ausgelöst – es gibt Befürworter, die Analysen wiederholen, und es gibt methodologische Kritik und Forderungen nach unabhängigen Wiederholungen –, aber entscheidend für Sie ist die praktische Lehre: Wenn das kollektive Bewusstsein einen statistischen Effekt auf die Gewalt in einer Hauptstadt hatte, dann ist die Entwaffnung des inneren Systems keine reine Philosophie, sondern ein Hebel mit messbaren Konsequenzen.

Lassen Sie uns nun also das innere System (das das äußere System projiziert) aufschlüsseln, um zu verstehen, wie Sie selbst Ihre Realität nach Ihrem Bild und Gleichnis erschaffen.

Der mentale Schöpfungsprozess:

- Ihre Gedanken führen dazu, dass Sie sich auf eine bestimmte Weise fühlen.

- Ihre Gefühle führen dazu, dass Sie auf eine bestimmte Weise emotional reagieren.

- Ihre Emotionen veranlassen Sie, Handlungen zu setzen, die mit dem übereinstimmen, was Sie fühlen.

- Ihre Handlungen führen zu konkreten Erfahrungen in Ihrem Leben.

- Ihre Erfahrungen überzeugen Sie schließlich davon, dass das Leben auf eine bestimmte Weise ist, sodass Sie am Ende bestimmte Dinge über sich selbst und die Welt glauben.

- Ihre Überzeugungen in dieser letzten und ersten Phase veranlassen Sie, auf eine bestimmte Weise über das Leben zu denken und folglich jedes Detail dessen, was Sie sehen, nach Ihrem eigenen Bild zu gestalten.

Und wissen Sie, was das Beeindruckendste daran ist? Dass dies ein Kreislauf ist! Er hört nicht auf ... bis Sie an einer Stelle der Kette etwas anders machen. Genau das habe ich Ihnen in den vorangegangenen Absätzen vorgeschlagen.

Können Sie sich vorstellen, wie sich Ihr Leben verändern könnte, wenn Sie anfangen würden, auf Ihre Gedanken zu achten? Oder wenn Sie sich Ihrer Gefühle, Emotionen, Handlungen, Erfahrungen und Überzeugungen bewusst wären?

Dieses System, das Ihr Leben bestimmt, projiziert sich auf das, was Sie außen sehen. Deshalb sehen Menschen nicht, was außen geschieht: Sie sehen das, was sie von innen nach außen projizieren, entsprechend jedem Teil dieser Kette.

Ich werde Ihnen mitteilen, was ich über die äußeren Systeme entdeckt habe und wie man sie aus einer breiteren und evolutionären Perspektive betrachten kann, um die Welt zu verstehen, in der Sie sich bewegen. Aber wenn Sie Ihr eigenes System nicht neu konfigurieren, wird es Ihnen nichts nützen, die anderen zu verstehen. Das einzige, was es Ihnen nützen wird, ist dem Teufel, denn es wird dazu führen, dass Sie am Ende noch mehr Angst und Zweifel haben und orientierungslos sind.

Dies sind die Bereiche, mit denen ich Ihnen empfehle zu beginnen, um Ihr Selbst in Einklang zu bringen und nicht mehr ziellos durch das Leben zu wandern. Was auch immer Sie tun, wer auch immer Sie sind, dies ist die Grundlage, auf der jeder Erfolg in jedem Bereich basiert. Wir werden jeden Punkt im Detail aufschlüsseln, damit es einfach ist und Sie noch heute damit beginnen können, Ihre Realität in einen höheren Zustand zu lenken.

Die Grundlagen eines abgestimmten und kohärenten inneren Systems:

1. Bewusste Ernährung
2. Körperliches Training
3. Dienst am Nächsten
4. Erhabene Gewohnheiten

1. Die Ernährung eines heiligen Wesens:

Wir unterschätzen, wie leicht wir uns durch Essen ablenken lassen, und aus purer Unwissenheit unterschätzen wir, was wir in unseren Tempel, den Körper, einführen.

Wer sich mit Essen vollstopft, Lebensmittel sinnlos miteinander mischt, zu viel isst oder seinen Körper nicht richtig ernährt, wird früher oder später aus der Bahn geraten. Der Körper – der Tempel des Geistes, das Vehikel, mit dem wir dieses duale Spiel spielen – verdient es, mit größter Wertschätzung und mit den höchsten Standards behandelt zu werden, wenn wir ein gutes Spiel spielen wollen.

Die Mehrheit der Bevölkerung hat Probleme mit der Ernährung, und das ist verständlich: Niemand hat uns beigebracht, wie wir uns ernähren sollen. Daraus resultieren so viele Krankheiten, Schmerzen und Ablenkungen. Wir unterschätzen wirklich, wie wichtig Essen ist und wie leicht wir uns täuschen lassen, nur um unser Verlangen nach Essen zu stillen.

Ich erinnere mich, dass ich eines Tages mit meinem Partner zu Mittag essen wollte und eine Flasche Mayonnaise im Kühlschrank fand. Ich nahm sie heraus und dachte: *„Ich werde ein wenig davon auf das Essen geben"*. Aber dann fiel mir auf, dass es seltsam war, dass wir Mayonnaise hatten. Wir erinnerten uns, dass einige Freunde vor einigen Tagen bei uns zu Besuch gewesen waren und nahmen an, dass sie sie gekauft hatten. Also beschloss ich fast zufällig, das Etikett mit den Inhaltsstoffen zu lesen... und darunter befand sich einer namens „Sequestriermittel". Im wahrsten Sinne des Wortes. Sofort warf ich das Glas in den Müll.

Können Sie sich vorstellen, Ihrem Essen „Sequestriermittel" beizufügen? Können Sie sich vorstellen, etwas mit diesem Namen zu essen?

Und das ist kein Einzelfall. Es geht nicht nur um Mayonnaise mit „Sequestriermittel". Es handelt sich um eine ganze Lebensmittel industrie, die auf eine Weise arbeitet, die aus einem Verschwörungsfilm stammen könnte. Selbst bei Verpackungen, auf denen groß „vegan", „glutenfrei" oder „zuckerfrei" steht, reicht es, sie umzudrehen und die tatsächlichen Zutaten zu lesen, um zu erkennen, dass das ein Witz ist. Ich persönlich halte mich an eine unfehlbare Regel, um zu wissen, was ich kaufen soll, wenn ich mich für ein verpacktes Produkt entscheide: Wenn ich den Namen der Zutat nicht kenne, kaufe ich es nicht. Ganz einfach. Was soll das, Dinge zu essen, von denen wir nicht wissen, was sie sind?

Wenn wir uns etwas mehr mit der energetischen und verschwörungstheoretischen Seite der Sache beschäftigen wollen, brauchen wir nur einen Blick auf die weltweit meistverkauften Marken zu werfen. **Monster Energy** hat ein Logo mit drei Linien, die an den hebräischen Buchstaben *Vav* (ו) erinnern, dessen numerischer Wert 6 ist, was die Zahl 666 ergibt. Der Slogan *„Unleash the Beast"* („Entfessle das Biest") verstärkt diese Interpretation noch.

Oreo hat das Templerkreuz und das Symbol des Kreises mit einem Punkt in der Mitte, die beide mit esoterischen Orden in Verbindung stehen.

Kellogg's, gegründet von John Harvey Kellogg – einem Eugeniker, der davon besessen war, Masturbation durch Ernährung zu unterdrücken – welche Strategie könnte besser sein als „ ", das Frühstück von Millionen von Menschen mit zuckerhaltigen Cerealien zu überschwemmen?

Und das ist nur die Spitze des Eisbergs. Ich werde mich nicht weiter darüber auslassen, aber ich möchte Ihnen klar machen, dass dies Realität ist. Je länger Sie die Augen verschließen, desto schwieriger wird es, die Wahrheit zu erkennen, denn der Teufel holt sich jeden Tag seinen Anteil!

Die Lebensmittelindustrie produziert Nahrungsmittel für 98 % der Weltbevölkerung. Es handelt sich um eine milliardenschwere Industrie, deren Erfolg nicht darin besteht, die Bevölkerung zu ernähren, sondern sie krank, süchtig und abhängig zu halten. Ihre Produkte sind nicht dazu da, uns zu ernähren, sondern Wünsche zu *befriedigen*, die sie oft selbst wecken.

Wenn Sie immer noch glauben, dass all dies Zufälle sind, machen Sie einen einfachen Test: Nehmen Sie ein beliebiges

Produkt aus dem Supermarkt und drehen Sie es um. Lesen Sie das Etikett.

Ich versichere Ihnen, dass Ihr Gewissen Sie zunehmend dazu bringen wird, Lebensmittel mit niedriger Schwingung zu meiden. Die Wahrheit lag immer vor Ihnen, aber Sie haben sie ignoriert, weil Ihnen nie beigebracht wurde, sie zu sehen, oder weil Sie dachten, es sei nicht wichtig, dafür Verantwortung zu übernehmen. Sehen Sie, Sie sind kein Körper: Sie sind ein spirituelles Wesen, das einen Körper bewohnt. Sie sind Energie, Frequenz und Schwingung. Deshalb ist absolut alles wichtig. Ja, das mag extrem klingen, aber bewusste Ernährung ist die Grundlage für ein Wesen, dessen Energie nicht mehr trüb und verwirrt ist.

Jetzt wissen Sie es. Die Frage ist: Was werden Sie mit dieser Information anfangen?

Es ist kein Zufall, dass wir jahrzehntelang den Verzehr bestimmter Lebensmittel priorisiert haben. Das war keine freie Entscheidung. Wir wurden programmiert wie der Elefant mit dem Seil.

Die Lebensmittelindustrie verkauft nicht nur Produkte, sondern auch Ideen, Gewohnheiten und Süchte. Und das tut sie durch ein System, das so konzipiert ist, dass wir niemals hinterfragen, was wir essen.

Nehmen wir zum Beispiel Zucker. In den 1960er Jahren bestach die Zuckerindustrie Wissenschaftler aus Harvard, damit sie Studien veröffentlichten, die den Zusammenhang zwischen Zucker und Herzerkrankungen herunterspielten und die Schuld auf Fette abwälzten. Das Ergebnis? Zucker wurde in praktisch alle verarbeiteten Lebensmittel eingeführt und wurde zu einer legalen Droge, die in jedem Haushalt akzeptiert wurde.

Und es ist keine Übertreibung, ihn als Droge zu bezeichnen. Zucker und Kokain aktivieren die gleichen Belohnungszentren im Gehirn. Einige Studien haben sogar gezeigt, dass Zucker süchtig machen kann, weil er wiederholt die Ausschüttung von Dopamin anregt und so einen Kreislauf aus Zwang und Entzug erzeugt. Der Unterschied besteht darin, dass Zucker im Gegensatz zu Kokain in fast allen Produkten im Supermarkt enthalten ist: Brot, Soßen, Säften und sogar Babynahrung.

Das war kein Fehler, sondern eine Strategie. Die Zuckerindustrie schuf ganze Generationen von Süchtigen, ohne dass es jemand bemerkte. Es ging nicht um Ernährung, sondern um Geschäft.

Das Gleiche geschah mit Fleisch. Es reichte nicht aus, dass die Menschen es nur sporadisch konsumierten; die Industrie musste es zu einem psychologischen Bedürfnis machen.

Man hat uns glauben gemacht, dass es ohne Fleisch keine Proteine gibt. Dass es ohne Proteine keine Kraft gibt. Und dass es ohne Kraft kein Leben gibt.

Aber was wäre, wenn ich Ihnen sagen würde, dass all dies einer der größten Betrüge der Lebensmittelindustrie ist?

Die Idee, dass wir Tonnen von Proteinen brauchen, wurde von den Fleisch- und Milch n strategisch eingeführt. In den 1950er Jahren gab die National Cattlemen's Association of America Millionen für Werbespots mit Slogans wie *„Beef. It's what's for dinner"* („Rindfleisch. Das gibt es zum Abendessen") aus. In Europa finanzierte die Europäische Union Kampagnen, um den Rückgang des Fleischkonsums umzukehren und die Nachfrage zu sichern.

Die Realität sieht anders aus. Protein ist überall enthalten: in Obst, Gemüse, Nüssen und Hülsenfrüchten. Wir müssen es nicht im Übermaß konsumieren und schon gar nicht ausschließlich auf tierisches Protein angewiesen sein. Überschüssiges Protein wird nicht in Muskeln umgewandelt, sondern in Glukose; es belastet die Nieren und versauert den Körper, wodurch das Risiko für Stoffwechselerkrankungen steigt.

Wer profitiert also davon, dass Sie glauben, Sie bräuchten so viel Protein? Denken Sie darüber nach. Nichts davon ist Zufall.

Und vergessen wir nicht das Frühstück. Man hat uns glauben gemacht, es sei „die wichtigste Mahlzeit des Tages", aber diese Idee stammt nicht aus der Wissenschaft, sondern aus dem Marketing der Getreideindustrie.

Es war John Harvey Kellogg, der Gründer von Kellogg's, der diese Idee vorantrieb, nicht aus gesundheitlichen Gründen, sondern als Strategie zur Unterdrückung des Sexualtriebs. Ihm zufolge waren „ " Cerealien eine „ideale Diät für Reinheit" und eine Möglichkeit, „die Lust zu kontrollieren". Seitdem wurde das Frühstück zu einem obligatorischen Ritual, das durch jahrzehntelange Werbung für Cerealien, Milchprodukte und verarbeitete Säfte noch verstärkt wurde.

Was Ihnen jedoch verschwiegen wird, ist, dass das Auslassen des Frühstücks das Beste sein kann, was Sie für Ihre Gesundheit tun können.

Intermittierendes Fasten – also längere Pausen zwischen den Mahlzeiten – hat sich als eine der wirksamsten Methoden erwiesen, um Entzündungen zu reduzieren, die Insulinsensitivität zu verbessern und die Lebenserwartung zu erhöhen. Wenn

Sie fasten, aktiviert Ihr Körper einen Prozess namens **Autophagie**, bei dem er beschädigte Zellen entfernt und Gewebe regeneriert.

Wenn das Frühstück so wichtig wäre, wie man uns glauben machen wollte, warum reagiert unser Körper dann besser, wenn wir morgens nichts essen?

So hat das Marketing unsere Biologie und unsere Kultur gehackt. Man hat uns davon überzeugt, dass bestimmte Lebensmittel unverzichtbar sind, obwohl sie in Wirklichkeit nur Mittel zur Massenmanipulation sind.

Was würden Sie essen, wenn Ihnen niemand etwas vorgegeben hätte?

Die meiste Zeit meines Lebens habe ich Kohlenhydrate, raffinierten Zucker, Mehl, Fleisch und alle möglichen Lebensmittel bevorzugt, ohne zu wissen, was sie wirklich enthielten oder wie sie hergestellt wurden. Das führte zu ständigen Hormonstörungen, Ablenkung durch Essen, übermäßigem Essen oder starren Essenszeiten, von denen ich abhängig wurde. Es störte mich, wenn ich nicht pünktlich um 12 Uhr zu Mittag aß. Ich stellte das Essen auf einen Sockel, hatte aber keinerlei Kenntnisse über seine Inhaltsstoffe. Das Ergebnis: ein Körper, für den ich nicht dankbar war, ein Leben, das mir keine Ehre machte, und eine inkonsistente Routine.

Nachdem ich jahrelang verschiedene Diäten ausprobiert hatte, verstand ich etwas Wesentliches: Es gibt keine Diät, die auf Dauer nachhaltig ist. Warum? Weil Zeit selbst nicht nachhaltig ist; sie ist eine Konstruktion unseres Egos. Alles, was du in die Zeit stellst, stellst du in einen Raum, der zum Leiden bestimmt ist, denn das Einzige, was in der Zeit beständig ist, ist die Veränderung.

Was tun wir also? Wie Nikola Tesla sagte: *„Wenn Sie die Geheimnisse des Universums verstehen wollen, denken Sie in Begriffen wie Energie, Frequenz und Schwingung."* Und genau das begann ich in Bezug auf meine Ernährung anzuwenden.

Ich begann, Lebensmittel mit hoher energetischer Kalibrierung zu bevorzugen und gleichzeitig jeden Tag auf meinen Körper zu hören. Nach und nach begann ich, meine Ängste und Unsicherheiten zu beleuchten, um zu verstehen, was ich wirklich brauchte. Ich hörte auf, meine Essenszeiten zu beurteilen, hörte auf, mich zu ärgern, hörte auf, das Essen auf ein Podest zu stellen. Mein Leben wurde einfacher, bereichernder, und ich begann, Essen nur dann zu verwenden, wenn es einem höheren Zweck diente. Kurz gesagt: Ich hörte auf, meinem Ego und meinen Anhaftungen Vorrang zu geben.

Später in diesem Buch werde ich Ihnen erzählen, wie Sie jede Krankheit aus psychologischer und spiritueller Sicht heilen können. Aber wenn Sie noch heute damit beginnen, sich bewusst, alkalisch und hochschwingend zu ernähren und in jedem Moment auf die Stimme Ihres Bewusstseins zu hören, werden Sie Ergebnisse in Bezug auf geistige Klarheit, spirituelle Verbindung und Heilung erleben, wie Sie sie noch nie zuvor erlebt haben.

Ein Körper, der nicht mit Respekt behandelt wird, nährt einen Geist, der unfähig ist, sich selbst und andere mit Respekt zu behandeln. Ein Körper, der nicht mit sich selbst im Einklang ist, ist ein Körper, der von der unendlichen Quelle getrennt ist und dazu verdammt ist, das zu akzeptieren, was ihm „zusteht", anstatt das einzufordern, was er wirklich vom Leben will.

Nun können wir aber nicht körperlich, geistig und spirituell im Einklang sein, wenn wir keine Ordnung schaffen. Auf

Unordnung folgt immer Chaos. Hier ist also ein einfacher Leitfaden, wie Sie Ihre Ernährung gestalten und sich bewusst werden können, was Ihr Körper braucht, um jeden Tag mit Energie zu funktionieren.

Leitfaden, um die Ernährung zu meistern und den physischen Tempel in Ordnung zu halten:

1. Berechnen Sie, wie viele Makronährstoffe Sie täglich benötigen (Sie können bei Google nach *„Makro-Rechner"* suchen). So wissen Sie, wie viel Sie entsprechend Ihrem Ziel essen müssen: Ihren Zustand erhalten, abnehmen oder zunehmen.

2. Verwenden Sie eine App wie *MyFitnessPal*, um Ihre Makronährstoffe (Fette, Proteine, Kohlenhydrate) und Ihre Mahlzeiten zu protokollieren. Eine Küchenwaage ist dabei Ihr Verbündeter: Wiegen Sie die Lebensmittel, geben Sie sie in die App ein und fertig. Wenn Sie eine andere App bevorzugen, macht das nichts: Das Wichtigste ist, dass Sie alles protokollieren. Das klingt extrem, ist es aber nicht. Die Realität ist, dass Sie nicht wissen, wie man sich richtig ernährt, und Sie müssen beginnen, Ihr Leben in Ordnung zu bringen. Schluss mit dem Herumtreiben.

3. Vermeiden Sie Lebensmittel mit niedriger Schwingung, die Ihren Organismus aus dem Gleichgewicht bringen: rotes Fleisch, Geflügel, Fisch, verarbeitete Lebensmittel, tierische Erzeugnisse, Wurstwaren, Zucker, Weizen- oder Maismehl, raffinierte Öle usw.

4. Überprüfen Sie immer, was Sie im Supermarkt kaufen. Es ist eine Falle für die Schlafenden. Überlassen Sie nichts dem Zufall.

5. Bevorzugen Sie pflanzliche Lebensmittel wie Obst, Gemüse, Nüsse und Sprossen. Und wenn Sie noch einen Schritt weiter gehen möchten, probieren Sie sich an roher veganer Ernährung.

6. Reduzieren Sie die Anzahl der Mahlzeiten pro Tag. Versuchen Sie, maximal drei zu sich zu nehmen.

7. Fasten Sie sporadisch mit Wasser oder Tee oder praktizieren Sie mehrmals pro Woche intermittierendes Fasten von 14 bis 16 Stunden, um Ihren Körper zu reinigen.

8. Wagen Sie sich an längere Fastenkuren heran: einen Tag, zwei, drei oder mehr. Hören Sie auf Ihren Körper und Ihre Ängste und tun Sie dies immer mit einer klaren Absicht, um das Ziel zu erreichen.

9. Mischen Sie Lebensmittel nicht übermäßig. Kombinieren Sie kein Obst mit Mehl und keine Proteine mit Stärke. Überladen Sie Ihren Teller nicht mit zu vielen verschiedenen Lebensmittelgruppen. Essen Sie einfach: eine Lebensmittelgruppe nach der anderen.

10. Reduzieren Sie die Anzahl der Zutaten pro Mahlzeit. Schauen Sie sich an, wie viele Zutaten auf Ihrem Teller liegen, und reduzieren Sie sie auf 5 bis 7, idealerweise auf 3. Oft sind diese „gesunden Mega-Salate" in Wirklichkeit Verdauungsbomben.

Denken Sie daran: Es geht nicht darum, von heute auf morgen perfekt zu werden, sondern darum, Ihre Frequenz Tag für Tag zu steigern. Sie müssen nicht alles auf einmal machen; Sie lernen das gerade erst kennen. Haben Sie Geduld. Die Wahrheit hat eine unerbittliche Kraft: Sobald man sie kennt, kann man sie nicht mehr verbergen. Das ist so, als würde man sagen, dass man, sobald man die Augenbinde abnimmt und die Realität sieht, selbst wenn man sich entscheidet, sie wieder aufzusetzen, nicht mehr auslöschen kann, was man gesehen hat.

Kommen wir nun zum zweiten Punkt, um eine vollständige Ausrichtung Ihres Selbst zu erreichen.

2. Das höchste energetische Vehikel, das es gibt:

Ihr Körper ist nicht nur ein physisches Vehikel, sondern auch eine Antenne, die Energie empfängt, kanalisiert und aussendet. Von dem Moment an, in dem Sie aufwachen, bis Sie einschlafen, absorbieren und projizieren Sie Frequenzen.

Und es gibt etwas, das nur wenige verstehen: Wenn Sie Ihren Körper bewegen, konfigurieren Sie Ihr Energiefeld neu.

Denken Sie an die Natur: Nichts im Universum steht still. Galaxien drehen sich, Flüsse fließen, der Wind weht unaufhörlich. Leben ist Energie in Bewegung. Und Ihr Körper ist es auch.

Hier ist der entscheidende Punkt: Bewusste Bewegung stärkt nicht nur Ihren Körper, sondern synchronisiert Ihre Energie auch mit höheren Schwingungen.

Deshalb werden Sie von nun an trainieren, um über sich hinauszuwachsen.

Sie tun dies nicht, um besser auszusehen.

Sie tun es nicht, um Ihre Leistung zu steigern.

Sie werden es tun, um sich daran zu erinnern, wer Sie sind.

Es spielt keine Rolle, für welche Sportart Sie sich entscheiden; von nun an wird alles, was Sie tun, auf dieser Grundlage beruhen: **Geist über Materie.**

Jedes Mal, wenn er trainiert, wird es sein Ziel sein, Blockaden zu lösen, loszulassen, was nicht zu ihm gehört, und sich wieder mit seinem Wesen zu verbinden. Und um dies zu erreichen, muss er mit **absoluter Präsenz** trainieren.

Wenn Sie trainieren, geben Sie alles.

Mit einem schlafenden Körper zu trainieren ist dasselbe wie ohne Glauben zu beten. Wenn Sie sich bewegen, dann bewegen Sie sich mit Absicht.

Wie wird Ihr Training aussehen?

Sie werden zweimal täglich trainieren.

- **Erste Einheit:** Sie wird Ihre Verankerung in der Gegenwart sein. Die physische Struktur, die Ihren Geist daran erinnert, dass Sie die Kontrolle haben. Machen Sie dies so früh wie möglich: Es wird Ihr erster Gewinn des Tages sein, Ihre erste Investition in diesen Ball positiver Gedanken, der immer weiter wachsen wird.

- **Zweite Sitzung:** Sie wird Ihr Energieportal sein. Sie dient nicht dazu, Ihren Körper zu verbessern, sondern Ihre Schwingungsfrequenz zu erhöhen. Sie werden sie durchführen, wenn Sie sich unverbunden, müde oder in niedrigen Schwingungen gefangen fühlen. Es spielt keine Rolle, ob sie fünf Minuten oder eine Stunde dauert: Wichtig ist, dass es sich um einen Akt der energetischen Neuausrichtung handelt.

Jede Bewegung wird eine Affirmation sein.

Jeder Atemzug wird ein Neustart sein.

Jeder Tropfen Schweiß wird eine Blockade lösen.

Die Frequenz ist alles.

Vor wenigen Wochen habe ich einen persönlichen Rekord gebrochen, der meine Grenzen erweitert hat. Ich begann mit dem einfachen Ziel, „meine Schwingung zu erhöhen" und Fähigkeiten freizusetzen, von denen ich nicht wusste, dass ich sie hatte. Ich beschloss, Liegestütze zu dem Song *„Bring Sally Up"* zu machen, einer berühmten Herausforderung, bei der man sich im Rhythmus des Songs hochdrückt, wieder runterlässt, oben hält und wieder hochdrückt.

Anfangs schaffte ich es nicht, die dreieinhalb Minuten des Songs durchzuhalten, also nahm ich mir vor, es jeden Tag zu versuchen. Zwei Wochen später schaffte ich zwei Songs hintereinander. Ja, das bedeutet, dass ich innerhalb von ein paar Wochen von drei Minuten auf mehr als sechs Minuten gekommen bin.

Es mag so aussehen, als wäre ich durch das tägliche Training körperlich stärker geworden, aber in Wahrheit war kein Tag einfacher oder weniger schmerzhaft als der andere. Jedes Mal, wenn ich mich auf den Boden warf, um Liegestütze zu machen, musste ich mein Verlangen, aufzuhören, überwinden. Und wenn ich meine bisherige Grenze erreicht hatte, habe ich mich noch ein bisschen mehr angestrengt.

In dem Moment, in dem man glaubt, nicht mehr weitermachen zu können, in dem alles in einem schreit, aufzuhören ... findet die Erweiterung statt.

Viele sagen, dass es keine Wunder gibt. Ich denke mir:

> *„Wunder sind nicht zu erwarten. Sie entstehen, wenn man seine Sichtweise auf die Realität ändert."*

Wenn man aufhört, das Leben passiv zu beobachten, und eine aktive Haltung der Veränderung einnimmt, reagiert das Universum darauf.

Handeln schafft Glauben. Denn Glaube ohne Handeln ist toter Glaube.

3. Was ein Kind Gottes tut

Jetzt haben wir endlich die Grundlagen, um Kinder Gottes zu sein und den Zweck zu verstehen, den wir als Menschen haben. Die vorangegangenen Punkte waren entscheidend, um dieses Bewusstseinsniveau zu erreichen, und genau die Anwendung dieser Punkte ermöglicht es vielen, Reichtum und Überfluss in allen Bereichen ihres Lebens zu erfahren. Diejenigen, die sie ignorieren, bleiben einfach hinter ihren Möglichkeiten zurück.

> *„Und vergessen Sie dieses heilige Prinzip nicht: Geben und Nehmen sind zwei Pole derselben Frequenz.*
>
> *Wenn Sie aus der Wahrheit heraus geben, werden Sie unweigerlich aus der Fülle empfangen. Nicht weil Sie es erwarten, sondern weil Sie Ihre Energie mit dem universellen Gesetz der Zirkulation in Einklang bringen.*

Öffnen Sie Ihr Herz, um Liebe, Anerkennung, Geld, Dankbarkeit und alles, was das Universum Ihnen für Ihren Dienst zurückgeben möchte, zu empfangen."

Wer nicht lebt, um zu dienen, ist nicht würdig zu leben.

Der tiefste Sinn des Menschen ist es, zu geben. Dienen bedeutet, die Energie des Lebens ohne Widerstand durch sich hindurchfließen zu lassen. Es spielt keine Rolle, wie Sie das tun, denn die einzige Energie, die niemals versiegt, ist die, die mit reiner Absicht gegeben wird.

In dem Buch „*Das Gesetz des* Einen" offenbarte Ra (das von Wissenschaftlern gechannelte energetische Wesen), dass die Entwicklung der Seele in zwei Wege unterteilt ist: dem Dienst an anderen und dem Dienst an sich selbst. Der erste führt zu Expansion und Einheit mit der Schöpfung. Der zweite führt zu Stagnation und Abkopplung. Je mehr Sie dienen, desto mehr erhöhen Sie Ihre Frequenz, desto mehr richten Sie sich nach der Wahrheit aus und desto leichter wird Ihr Weg.

David Hawkins, Arzt und Wissenschaftler, Schöpfer der **Bewusstseinskarte**, hat gezeigt, dass Emotionen und innere Zustände eine messbare Schwingung haben. Während Angst und Apathie tief schwingen, schwingen Liebe und Frieden hoch. Bedingungsloser Dienst ist der Schlüssel, der diese Frequenzen freischaltet. Denn Geben ist nicht nur eine Handlung, sondern eine energetische Kalibrierung. Wenn Sie geben, ohne etwas zu erwarten, steigen Sie automatisch auf eine höhere Ebene.

Denken Sie einen Moment darüber nach: Wann haben Sie sich am erfülltesten gefühlt, verbunden mit dem Leben, in Liebe und Hingabe? Wenn Sie geben oder wenn Sie empfangen?

Wir alle haben beide Erfahrungen gemacht, aber wir neigen dazu, zu glauben, dass es unsere Aufgabe ist, zu empfangen, obwohl dies in Wirklichkeit die natürliche Wirkung des Gebens ist!

Wir leben heute in wirklich glorreichen Zeiten. Viele kritisieren die sozialen Netzwerke wegen der Menge an Desinformation und inhaltslosen Beiträgen, die dort zirkulieren. Aber nur wenige haben verstanden, dass sie zu Motoren des Wandels werden können, indem sie die Algorithmen mit Wahrheit füllen.

Wenn eine Botschaft ein Leben verändern kann, stellen Sie sich vor, was sie bewirken kann, wenn sie Tausende erreicht. Denken Sie darüber nach: Hätte ich nicht den mühsamen Prozess durchlaufen, diese Zeilen zu schreiben, sie zu veröffentlichen und sie Ihnen durch Verbreitungsstrategien zukommen zu lassen, würden Sie diese Informationen niemals lesen. All dies geschah, weil ich die sozialen Netzwerke für einen Zweck genutzt habe, der weit über Unterhaltung oder Ablenkung hinausgeht. Und genau das sollten Sie jetzt auch tun.

Ich weiß, dass Sie das vielleicht noch nicht erkennen, denn wir brauchen oft die Perspektive der Zeit, um zurückzublicken und Fortschritte zu bestätigen. Aber ich bin mir so sicher, dass sich Ihr Leben radikal verändern wird, wenn Sie diese Wahrheit gelesen und angewendet haben, dass ich Ihnen einen Vorschlag machen möchte, der im Einklang mit der Erweiterung Ihrer Seele steht: **Dokumentieren Sie Ihre Transformation.**

Nicht aus Egoismus, sondern mit der Absicht, andere zu inspirieren, ohne Angst zu leben, ihre Stimme zu erheben und die Programmierung in Frage zu stellen. Jedes Mal, wenn Sie

Ihre Wahrheit teilen, laden Sie andere ein, sich an ihre eigene zu erinnern.

„An ihren Früchten werdet ihr sie erkennen. Sammelt man etwa Trauben von Dornen oder Feigen von Disteln?"

(Matthäus 7:16, Lutherbibel 1919)

Was Sie heute in Ihrem Leben haben, ist eine Folge Ihres Gestern. Und Ihr Morgen wird eine Folge Ihres Heute sein, das – dank dieses Kontextes der Wahrheit – viel höher sein wird, als Sie es sich jetzt vorstellen können.

Die unbewusste Arbeit, die dieses Buch in Ihnen leistet, ist mit keinem der fünf Sinne messbar, außer mit dem sechsten: dem, der direkt mit Gott verbunden ist. Um ihn zu aktivieren, müssen Sie auf das vertrauen, was Sie noch nicht sehen können. Vertrauen Sie diesen Worten, dass das, was Sie lernen, fühlen und erleben, einen höheren Sinn hat. Denn es ist kein Zufall, dass Sie dies lesen. Keinerlei.

> *„Damit Sie heute leben können, musste eine Reihe von Ereignissen eintreten, die so unwahrscheinlich sind, dass es absurd erscheint, dass sie tatsächlich eingetreten sind.*
>
> *Allein in den letzten 12 Generationen mussten sich mehr als 4.094 direkte Vorfahren zum richtigen Zeitpunkt begegnen, sich verbinden und fortpflanzen. Wenn wir nur 1.000 Jahre zurückgehen, sprechen wir von mehr als einer Million Menschen, die an Ihrer direkten Abstammungslinie beteiligt sind.*

Rechnen Sie nun Folgendes hinzu: Die Wahrscheinlichkeit, dass ein bestimmtes Spermium eine Eizelle befruchtet, liegt bei 1 zu 400 Millionen. Multipliziert man dies mit jeder erfolgreichen Empfängnis in Ihrer Abstammungslinie, ergibt sich eine Wahrscheinlichkeit von weniger als 1 zu 10^{100000} (ja, eine 1 gefolgt von hunderttausend Nullen). Und dabei sind Kriege, Seuchen, Fehlgeburten, Unfälle und kleine Entscheidungen, die alles hätten verändern können, noch nicht einmal mitgerechnet.

Sie sind hier, und das macht Sie zu einem statistischen Wunder. Nicht durch Zufall, sondern weil Ihre Existenz einfach geschehen musste.

Dass Sie dies lesen, bedeutet nur eines: Sie haben jede Wahrscheinlichkeitslogik überlistet.

Lasst uns das würdigen. Lasst uns die Einheit und die Entfaltung seiner Seele würdigen. Dokumentieren Sie nicht nur sein Vorher (auf körperlicher, geistiger und spiritueller Ebene), sondern teilen Sie auch mit, wenn Sie etwas in diesem Buch besonders beeindruckt hat: . Behalten Sie nicht für sich, was andere Menschen inspirieren könnte. Eine Geschichte, einen Beitrag, eine Botschaft an die richtige Person zum richtigen Zeitpunkt oder sogar dieses Buch als Geschenk für jemanden, der es Ihrer Meinung nach braucht. Die Informationen, die geteilt werden, verbreiten sich, und damit auch das Wesen, das sie weitergibt.

„Jedes Mal, wenn Sie geben, können Sie neu beginnen. Jedes Mal, wenn Sie anderen dienen, heilt Ihr Leben und wird eins mit Gott."

4. Die Kraft, an der Wahrheit festzuhalten

Wie oft haben Sie die Wahrheit gespürt ... und sie dann wieder verloren?

Viele sind mit Offenbarungen, Momenten der Klarheit oder spirituellen Erwachen gesegnet. Aber nur sehr wenige schaffen es, diese göttliche Verbindung aufrechtzuerhalten. Und genau das werden Sie hier lernen: sie zu bewahren und weit über das hinaus zu erweitern, was Sie für möglich gehalten hätten.

Die Wahrheit ist nicht nur ein Moment des Verstehens, sondern eine Lebensweise. Man spürt sie nicht nur, man erlebt sie in jedem Augenblick. Und um das zu erreichen, müssen wir uns darum kümmern, im richtigen Energiefeld zu sein. Das ist nicht kompliziert, erfordert aber die Entwicklung von etwas, das Sie vielleicht bisher im Verborgenen gehalten haben: **Beständigkeit**.

Gewohnheiten sind nicht nur körperlicher Natur. Es gibt auch innere Gewohnheiten: **Denkgewohnheiten**.

Um Ihr Leben zu erweitern, jeden Bereich zu verbessern und in Einklang mit Gott zu leben, müssen Sie sich auf einer hohen Frequenz halten. Wir alle sind mit der Kraft des Denkens ausgestattet. Und ich sage Kraft, weil sie sowohl im Negativen als auch im Positiven wirkt. Wie Sie jedoch feststellen werden, ist ein positiver Gedanke immer viel mächtiger als ein negativer.

Die Routine, die ich Ihnen vorstellen werde, ist einfach, aber tiefgreifend. Und das Wichtigste: Sie funktioniert. Sie müssen das Rad nicht neu erfinden, sondern es nur anwenden und anhand Ihrer eigenen Erfahrungen überprüfen. Die Informationen sind keine Theorie mehr, wenn sie Teil Ihres Lebens werden.

> *„Verkörpern Sie die Wahrheit, und die Wahrheit wird Ihr Leitfaden sein."*

Was Sie heute tun, baut Ihre Zukunft auf, genauso wie Ihre Gegenwart durch das geprägt wurde, was Sie gestern getan haben. Ein geordnetes Leben wird Sie nicht vor Chaos bewahren, aber es wird Sie immun dagegen machen.

Die meisten Menschen fühlen sich verloren, weil sie keine Struktur haben. Sie stehen zu beliebiger Zeit auf, tun beliebige Dinge und denken folglich beliebige Dinge ... was dazu führt, dass sie alles Mögliche erreichen, nur nicht das, was sie wirklich wollen.

Wenn Sie also auf der aktiven Seite der Unendlichkeit spielen wollen, brauchen Sie absolutes Engagement. Im Folgenden finden Sie eine Schritt-für-Schritt-Anleitung, um Ihr Leben noch heute in Ordnung zu bringen.

Wenn Sie jedoch noch nie zuvor eine Struktur hatten, beginnen Sie langsam. Es geht nicht darum, starre Zeitpläne aufzuerlegen, sondern darum, ein energetisches **Rückgrat** für Ihren Tag zu schaffen. Wenn es Sie überfordert, sofort loszulegen, beginnen Sie mit einem Block: zum Beispiel früh aufstehen und trainieren. Dann fügen Sie das Lesen hinzu. Und so weiter, Schritt für Schritt.

Beispiel für eine mit der Wahrheit in Einklang stehende energetische Routine:

Passen Sie sie Ihrer Lebensphase an. Die Wahrheit ist keine Struktur: Sie ist eine Frequenz, die Sie verkörpern.

Ein Leben im Einklang mit der Wahrheit bedeutet nicht, einen strengen Zeitplan einzuhalten, sondern eine beständige Präsenz während des Tages. Es gibt nicht die eine richtige Routine, aber es gibt Handlungen, die erheben, reinigen und verbinden. Im Folgenden finden Sie einen Vorschlag, wie Sie Ihren Tag von der **aktiven Seite der Unendlichkeit** aus organisieren können, nicht aus Anspruch, sondern aus Verpflichtung gegenüber Ihrer Energie.

Wenn es Ihnen hilft, nutzen Sie es als Leitfaden. Wenn Sie sich in einer anderen Phase befinden, nehmen Sie nur das, was Ihnen zusagt. Wichtig ist, Körper, Geist und Seele jeden Tag mit der Quelle in Einklang zu bringen.

MORGEN: Aktivierung des Seins

- **4:30 – 5:00 Uhr** ⊠ Bewusstes Erwachen. Beginnen Sie Ihren Tag ohne Ablenkungen. Wenn Ihnen dieser Zeitplan heute noch zu weit entfernt erscheint, passen Sie ihn schrittweise an. Das Wichtigste ist nicht die Uhrzeit, sondern die Handlung: mit Absicht aufzustehen.

- **5:00 Uhr** ⊠ Körperliche Bewegung. Trainieren Sie. Die Methode spielt keine Rolle: Laufen, Gewichte, Yoga, Calisthenics. Bringen Sie Ihre Energie in Bewegung. Hier haben Sie zwei Möglichkeiten: Entweder Sie beginnen direkt mit Ihrem intensiven Training für diesen

Tag oder Sie beginnen einfach mit Beweglichkeitsübungen und machen später am Morgen Ihr erstes intensives Training.

- **6:30 Uhr** ⊠ Schreiben + Dankbarkeit. Schreiben Sie Ihre Ziele auf, erklären Sie Ihre Absicht, seien Sie für mindestens drei Dinge dankbar. Erinnern Sie sich daran, wer Sie sind. Versuchen Sie, dies mit einem Stift auf Papier zu tun. Dies erzeugt viel mehr neuronale Verbindungen als die digitale Variante.

- **7:00 Uhr** ⊠ Bewusstes Lesen. Lesen Sie ein Buch, das Ihre Perspektive erweitert. Nähren Sie Ihren Geist, bevor Sie sich der Außenwelt aussetzen. Widmen Sie mindestens 30 Minuten einer inspirierenden und bewussten Lektüre.

NACHMITTAG: Verwurzelung und Dienst

- **12:00 - 14:00 Uhr** ⊠ Bewusstes Essen. Essen Sie achtsam. Wählen Sie Lebensmittel mit hoher Schwingung. Kauen Sie langsam. Hören Sie auf Ihren Körper.

- **15:00 - 17:00 Uhr** ⊠ Dienst / Projekt. Teilen, schaffen, dienen. Dieser Zeitraum ist ideal, um Ihre Wahrheit in die Welt zu tragen.

- **16:00 - 18:00 Uhr** ⊠ Zweite Bewegung. Das kann Cardio, Stretching, Barfußlaufen oder einfach Tanzen sein. Lösen Sie Spannungen.

ABEND: Integration und Kontemplation

- **19:00 Uhr** ⊠ Leichtes und frühes Abendessen. Priorisieren Sie eine gute Verdauung für einen Schlaftiefen. Schlafen Sie nicht mit einem vollen Magen.

- **20:30 Uhr** ⊠ Abschlussritual. Schalten Sie das WLAN aus. Schalten Sie Ihr Handy in den Flugmodus. Lesen, schreiben, kontemplieren, meditieren oder einfach nur atmen Sie.
- **21:00 Uhr** ⊠ Ruhe. Die Qualität Ihres Schlafes bestimmt die Qualität Ihrer Wahrnehmung. Geben Sie sich der Ruhe hin, wie jemand, der seine Seele Gott übergibt.

Das empfehle ich Ihnen:

Beginnen Sie mit einem Schritt. Vielleicht ist es nur, früher aufzustehen. Oder einen Gedanken aufzuschreiben. Oder das WLAN vor dem Schlafengehen auszuschalten. Eine nachhaltige Handlung ist mehr wert als eine perfekte Routine, die man wieder aufgibt.

Es geht nicht um Kontrolle. Es geht darum, sich auf die Quelle auszurichten und sich jeden Tag daran zu erinnern, wer man ist.

„Wenn diese Routine so gut und so wirkungsvoll ist, warum empfiehlt sie dann das System nicht? Warum werden uns diese hohen Gewohnheiten nicht von klein auf beigebracht?"

Die Antwort liegt in der Frage selbst. Aber lassen Sie uns das einmal genauer betrachten:

1. Weil diese Routine dich souverän macht.

Ein Mensch, der freiwillig früh aufsteht, seinen Körper trainiert, seine Energie ordnet, selbstständig denkt, dankbar ist, liest, meditiert, kontempliert, seine Wahrheit teilt ... ist ein Mensch, der nicht von außen regiert werden muss. Welche Grenzen könnte er haben? Was wäre für ihn unmöglich?

2. Weil diese Routine Ängste abbaut.

Ein Mensch, der seinen Tag ruhig, zielgerichtet und mit innerer Orientierung beginnt, braucht keine äußeren Reize, um sich lebendig zu fühlen. Wenn es keine Angst gibt, gibt es keine Kontrolle. Wenn es keine Angst gibt, gibt es keinen Konsum. Wenn es kein inneres Chaos gibt, gibt es keine Abhängigkeit vom System.

3. Weil diese Routine die spirituelle Disziplin stärkt.

Und das macht sie gefährlich für das System. Denn ein spirituell disziplinierter Mensch erkennt Fallen, sieht Täuschungen voraus und verhandelt seine Werte nicht aus Bequemlichkeit.

4. Weil diese Routine das Spiel offenbart.

Wenn man beginnt, so zu leben, erscheint alles, was zuvor „normal" schien, plötzlich absurd. Spät einschlafen, Müll anschauen, sich mit Zucker vollstopfen, Zeit in sozialen Netzwerken verschwenden, ziellos herumrennen, sinnlos einkaufen... alles beginnt zu zerfallen. Und wenn die Persönlichkeit zerfällt, kommt die Seele zum Vorschein.

5. Weil das System funktionierende Menschen braucht, keine erwachten.

Wir werden darauf trainiert, Leistung zu bringen, nicht darauf, uns daran zu erinnern, wer wir sind. Wir werden darauf erzogen, besser zu arbeiten, nicht darauf, besser zu leben . Wir werden beklatscht, wenn wir etwas leisten, aber zum Schweigen gebracht, wenn wir Fragen stellen. Diese Routine ist das Gegenteil davon: Sie schafft Bewusstsein, nicht Produktivität. Deshalb wird sie nicht gelehrt.

> *„Weil diese Routine dem System nicht dient ... sie demontiert es. Sie trainiert nicht, um der Welt zu dienen. Sie trainiert, um sich Gott hinzugeben."*

Es ist wichtig zu betonen, dass die Routine keine Strafe ist. Sie ist die Struktur, die Ihre Verwandlung stützt. Wenn Sie Ihre Ausrichtung zur Priorität machen, wird Wachstum unvermeidlich. Und unter diesen kleinen Handlungen beginnt ein „Schneeball-Effekt", der Sie dazu bringt, große Dinge zu erreichen, wenn Sie es am wenigsten erwarten ... oder zumindest mehr auf Gott zu hören, der Sie zu ihnen führen wird.

Die wichtigsten Punkte dieser Routine:

- Trainieren Sie zweimal täglich: einmal morgens und einmal nachmittags, um Ihre Energie neu zu kalibrieren.

- Achten Sie darauf, was Sie essen. Vereinfachen Sie Ihre Mahlzeiten, damit das Essen ein Genuss und keine Ablenkung ist.

- Teilen Sie Ihren Prozess in den sozialen Netzwerken. Nicht aus Ego, sondern wegen der Wirkung. Ihre Verwandlung inspiriert andere, ihre Programmierung zu durchbrechen. Ihre persönliche Marke ist die wertvollste Ressource, die Sie haben: Nutzen Sie sie.

- Hören Sie auf sich selbst. Das Bewusstsein ist der Filter, der das Alltägliche in etwas Heiliges verwandelt.

- Frühstücken Sie nicht sofort. Sie müssen nicht gleich nach dem Aufwachen etwas essen. Warten Sie lieber bis 10:00 Uhr, wenn Sie möchten, und bevorzugen Sie gesunde Fette und Proteine oder reinigende Lebensmittel als erste Mahlzeit.

- Schalten Sie Ihre Geräte aus, wenn Sie schlafen gehen, oder versetzen Sie sie in den Flugmodus.

- Schalten Sie das WLAN aus, wenn Sie es nicht benutzen.

- Deaktivieren Sie das Bluetooth Ihres Telefons, wenn Sie es nicht benötigen.

- Wenn Sie kabellose Kopfhörer verwenden, machen Sie Pausen und gönnen Sie ihnen eine Auszeit.

- Verbringen Sie so viel Zeit wie möglich in der Natur.

- Gehen Sie täglich zwischen 5.000 und 10.000 Schritte. Das stärkt nicht nur Ihren Körper, sondern ordnet auch Ihre Gedanken und verschafft Ihnen Perspektive.

Möglicherweise empfinden Sie diese Routine als unangenehm. Vielleicht hatten Sie noch nie in Ihrem Leben eine solche Struktur. Aber lassen Sie mich Ihnen etwas sagen: Es macht keinen Sinn, über Wahrheiten zu sprechen, wenn Ihr Leben nach dem Zuklappen dieses Buches genau so bleibt, wie es war.

Niemand lehrt uns Menschen, wie man lebt. Wir kommen nicht mit einer Gebrauchsanweisung für dieses Spiel auf die Welt. Deshalb sind Gewohnheiten, die auf Größe ausgerichtet sind, das Einzige, was das Spiel wirklich verändert, sowohl in spiritueller als auch in praktischer Hinsicht.

Was Sie in diesem ersten Teil erhalten haben, sind buchstäblich die Tricks, die es Ihnen ermöglichen, in der Oberliga mitzuspielen. Und ich spreche nicht von den physischen, sondern von den wirklich wichtigen: den spirituellen.

Sie wissen bereits, dass der Teufel im Detail steckt. Warum also weiterhin mit Unordnung Tribut zollen?

Die einzige Wahrheit liegt nicht in dieser Routine, sondern in der perfekten Synchronisation zwischen Ihrem **Sein, Tun und Haben**. Und diese Routine trainiert Sie, dies zu erreichen.

Wenn du immer noch Widerstand verspürst, stelle dir diese letzte Frage:

Wenn ich nie diszipliniert war und mein Leben dem Zufall überlassen habe, was habe ich dann zu verlieren, wenn ich einmal eine Lebensweise ausprobiere, die ich noch nie versucht habe?

Normalerweise wollen wir uns ändern, aber wir wiederholen immer wieder dasselbe. Und es spielt keine Rolle, ob Sie bereits wirtschaftlich erfolgreich sind, aber Ihre Beziehungen ein Fiasko sind: Sie brauchen Routine. Es spielt auch keine Rolle, ob Sie Ihren Körper beherrschen, aber ohne Gott leben: Sie brauchen Routine. Wenn Sie sich für spirituell halten, weil Sie „verstehen", aber Ihr Bankkonto leer ist, brauchen Sie am dringendsten die Routine der Ausrichtung.

Diese Handlungen werden Sie in allen Bereichen hervorragend machen, denn wenn Sie eine Sache tun, tun Sie absolut alles.

Jetzt haben Sie die hohen Gewohnheiten, um Ihr Selbst auszurichten und sich auf Gott einzustimmen. Aber ich habe Ihnen gesagt, dass die **Denkgewohnheiten** wichtig sind. Was sind also diese Gewohnheiten?

Es gibt zwei Denkgewohnheiten, um jeden Tag bewusst zu leben und die Wahrheit zu leben: **Beständigkeit und Klarheit**.

Konsistenz erreichen Sie, indem Sie diese Routine jeden Tag ohne Ausreden beibehalten. Es ist eine Verpflichtung gegenüber sich selbst, ein Vertrauen, das Ihnen nichts auf der Welt geben kann, denn es hängt nur von Ihnen ab, es umzusetzen.

Klarheit entsteht, wenn man das Unbequeme tut. Wenn man seine Komfortzone verlässt, erweitert man sein Feld der Möglichkeiten, und aus diesem erweiterten Raum heraus beginnt man, Chancen zu sehen, Offenbarungen zu empfangen und genauer auf Gott, die Stimme seines Gewissens und den Heiligen Geist zu hören.

Aber... wenn Sie sehr müde sind und Ihr Körper nach Ruhe verlangt, sollten Sie dann die Routine beibehalten?

Das ist eine wunderschöne Frage, denn sie offenbart zwei der größten einschränkenden Überzeugungen, die den menschlichen Geist beherrschen:

1. Zu glauben, dass wir Wesen mit begrenzter Energie sind, die müde werden und sich zwangsläufig ausruhen müssen.

2. Der Glaube, dass der Körper das Sagen hat, obwohl er in Wirklichkeit nur den Befehlen des Geistes folgt.

Sehen Sie: Jedes Mal, wenn Sie Müdigkeit, Erschöpfung oder Entmutigung verspüren, ist das kein Zufall und kein Einzelfall. Es liegt nicht nur daran, dass Sie gestern hart trainiert oder mehr Kilometer gelaufen sind. Im Grunde hängt es immer mit Ihrem Energiezustand zusammen, der durch Ihre Gedanken bestimmt wird.

Müdigkeit, Erschöpfung, Krankheit oder Verletzungen sind die Folge von angesammelten negativen Gedanken. Und wenn Sie sich „ausruhen" wollen, indem Sie genau die Routine auslassen, die Ihre Stimmung am meisten hebt, investieren Sie in Wirklichkeit weiter in den Ball negativer Gedanken.

Deshalb schaffen es nur wenige, eine Routine beizubehalten. Die meisten können zwar an einem Tag um 5 Uhr morgens aufstehen, aber sobald ein Unbehagen, eine unerwartete Veränderung oder ein äußeres Ereignis auftritt, denken sie sofort, dass sie genau das aufgeben müssen, was ihnen am meisten zu schaffen gemacht hat. Dabei war dieses Unbehagen eigentlich die perfekte Gelegenheit, um die neue Identität, die sie sich aufgebaut hatten, zu bestätigen. Es war eine Prüfung, kein Zeichen der Aufgabe.

Warum passiert uns das?

Weil wir von klein auf darauf konditioniert wurden, Disziplin mit Verpflichtung zu assoziieren, nicht mit Entfaltung. Man hat uns beigebracht, früh aufzustehen, um nicht den Unterricht oder die Arbeit zu verpassen, nicht aus Respekt vor dem Körper oder Hingabe an die Seele, sondern um eine Strafe zu vermeiden. Diese Strafe, getarnt als „Fehlverhalten", „Verwarnung" oder „Ausschluss", hat den Glauben etabliert, dass Disziplin den Verlust von Freiheit bedeutet.

Und das ist eine der destruktivsten Programmierungen des Systems.

Denn wenn man glaubt, dass Disziplin einen gefangen hält, wird man niemals einen hohen Weg einschlagen können. Man wird immer wieder zur Bequemlichkeit zurückkehren. Man wird immer die einfache Option wählen. Man wird ein Sklave sein, der sich nur deshalb für frei hält, weil er entscheiden kann, welche Serie er sich ansieht oder was er in der Essens-App bestellt.

Und so machen wir weiter: hübsch und mollig, wie die Pinguine aus *Madagaskar*. Sympathisch, angepasst ... aber ohne echte Souveränität. Innerlich gezähmt, äußerlich rebellisch.

Viele, die sich als „spirituell" bezeichnen, sind in Wirklichkeit falsche Spirituelle: Sie sammeln Wissen, wenden aber nur sehr wenig davon an. Sie leben voller Ausreden, um zu rechtfertigen, warum das Leben ihnen nicht das gibt, was sie angeblich wollen, oder sie freuen sich darüber, „nichts zu brauchen", und natürlich gibt ihnen das Universum nichts Neues.

Die Routine, die ich Ihnen vorschlage, ist ein Standard, keine Verpflichtung. Ich schlage vor, dass Sie sie mindestens 30 Tage lang beibehalten. Selbst wenn Sie bereits eine anspruchsvolle Routine haben oder es schon einmal versucht haben, ist es nie dasselbe. Nur wenn Sie in der Lage sind, eine tägliche Routine beizubehalten – und beibehalten bedeutet, darüber zu stehen, nicht darunter –, können Sie sie formen.

Ein häufiger Fehler ist es, vor dem Handeln zu hinterfragen. Das raubt Ihnen nur die Erfahrung. Viele zweifeln daran, ob es funktionieren wird, und versuchen es gar nicht erst. Andere hinterfragen es am dritten Tag und beginnen, es zu modifizieren. Das ist der Teufel, der an die Tür klopft und darauf wartet, dass Sie ihm öffnen.

Bleiben Sie standhaft, nicht so sehr in der Routine selbst, sondern in Ihrer Verpflichtung. Halten Sie sich an die Wahrheit, und Sie werden sehen, wie Ihr mentales System funktioniert und wie Sie es nutzen können, um ein Leben nach Ihren höchsten Maßstäben zu schaffen.

> *„Wenn Sie sich nie an Ihre Grenzen bringen,*
> *werden Sie nie über Ihre derzeitigen Grundlagen*
> *hinauswachsen können."*

Es wird unangenehm sein, ja. Aber Sie werden Teile von sich kennenlernen, die bisher schlummerten. Sie werden Ihren Schatten auftauchen sehen und die Kraft haben, das Licht anzuzünden.

> *„Achten Sie auf Ihre Gedanken, denn sie werden zu Worten.*
>
> *Achten Sie auf Ihre Worte, denn sie werden zu Taten.*
>
> *Achten Sie auf Ihre Taten, denn sie werden zu Gewohnheiten.*
>
> *Achten Sie auf Ihre Gewohnheiten, denn sie werden zu Ihrem Charakter.*
>
> *Und achte auf deinen Charakter, denn er wird zu deinem Schicksal."*

STOP 5: HANDELN SCHÖPFEN VERTRAUEN

Alles, was Sie lesen, wird sich auf eine Weise in Ihrem Unterbewusstsein festsetzen, die Sie gar nicht bemerken werden. Aber es gibt etwas, das diesen Prozess beschleunigen kann: Handeln.

Ihr Leben kann sich verändern, aber es wird gewöhnlich bleiben, wenn Sie nicht das gewisse Extra geben. Das Außergewöhnliche erreicht man, indem man mehr von sich gibt. Und auch wenn es motivierend klingt, ist es nicht nur ein schöner Spruch: Im Wort „*Anziehung*" bilden sechs Buchstaben das Wort „*Handlung*". Ihr Körper ist Schwingung, und diese Schwingung schwankt je nachdem, wie Sie ihn nutzen oder nicht nutzen. Wir sind Energiekanäle!

Wenn Sie also mit dem Unbegrenzten in Verbindung treten und den Glauben an Ihren Alltag aufrechterhalten wollen, müssen Sie sich bewegen. Die Routine, die ich Ihnen vorgeschlagen habe, ist so konzipiert, dass Ihr ganzer Tag in Bewegung und im Dienst ist. Je mehr Sie Ihren Körper nutzen, desto verfügbarer ist er. Je mehr Sie tun, desto mehr können Sie tun.

Das System hingegen hat Schafe geschaffen, die es vorziehen, dem Etablierten zu folgen, anstatt zu denken und ihren eigenen Weg zu gehen. Da bereits alles „vorgefertigt" ist, ist es einfacher, es zu akzeptieren, auch wenn es nichts nützt. Diese Lebensweise hält 98 % der Menschheit in der Schwebe, während die restlichen 2 % großen Reichtum genießen, einschließlich innerem Frieden.

Wenn man sich nicht bewegt, produziert man nichts Neues. Ich habe Ihnen zuvor das System vorgestellt, das wir alle haben; was ich Ihnen noch nicht gesagt habe, ist, wie man die einschränkenden Muster durchbricht.

Ich wollte bis zu diesem Punkt warten.

Disruptives Handeln ist der Schlüssel, um ein Verhalten oder Denken zu durchbrechen, das Ihr System sabotiert und es destruktiv macht. Wenn uns eine Handlung zum Glauben erhebt, muss diese Handlung intensiv sein und mit Prinzipien hoher

Schwingung im Einklang stehen. Deshalb sind diese Werkzeuge im Spiel so mächtig:

1. **Intensives Training.** Wenn Sie Ihren Geist und Ihren Körper mit anspruchsvollen Übungen an ihre Grenzen bringen, weckt dies Dankbarkeit, Glauben und Verbundenheit mit der unendlichen Quelle.

2. **Dankbarkeitssitzungen.** Je dankbarer Sie sind, desto mehr Raum haben Sie, um dankbar zu sein. Wenn Sie dies in einer Gruppe tun, kann die Schwingung ein Niveau bedingungsloser Liebe erreichen, eine der höchsten Frequenzen des Bewusstseins.

3. **Meditationen mit Absicht.** Bewusste Visualisierung mit geschlossenen Augen führt Sie in tiefe Zustände der Verbindung mit Gott.

4. **Tiefes und bewusstes Atmen.** Bewusstes Atmen zu jeder Zeit und an jedem Ort bringt Sie in den Moment, und Präsenz ist das größte Geschenk, das wir haben.

5. **Verbindung mit der Natur.** Barfuß gehen, den Sonnenaufgang oder Sonnenuntergang beobachten, einen Fluss oder das Meer besuchen ... alles, was Sie mit der Erde verbindet, erinnert Sie an die Größe Ihrer Existenz.

6. **Verpflichtung zum Wort.** Erhabene Worte erzeugen eine hohe Frequenz. Was Sie sagen, erhalten Sie.

7. **Hochfrequente Musik.** Wir sind Klang, und was wir hören, wirkt sich direkt auf jede Zelle unseres Körpers aus.

Diese Elemente sind direkte Triebkräfte für eine unbestreitbare Verbindung zu Gott, für eine natürliche Entdeckung der

Wahrheit, die bereits in Ihrem Wesen wohnt, und für höhere und dauerhafte Bewusstseinszustände.

Es gibt keinen kranken Körper, keinen Geldmangel, kein Beziehungsproblem und keinen Gegenstand, der jemanden aufhalten könnte, der in jedem Augenblick seines Lebens hohen Handlungen Vorrang einräumt.

In meinem Buch „*La única forma de conectar con tu Alma*" *(Der einzige Weg, sich mit seiner Seele zu verbinden)* habe ich erzählt, wie ich in weniger als vier Stunden ohne Medikamente hohes Fieber und andere Schmerzen, die ich in den letzten Jahren hatte, geheilt habe, indem ich nur das mächtigste Heilmittel verwendet habe, das es gibt: das **Bewusstsein**.

Wir Menschen unterschätzen das Ausmaß unseres Aurafeldes oder elektromagnetischen Feldes enorm. Dabei vergessen wir, dass wir energetische Wesen mit einem Körper sind, der ständig in Schwingung ist. Manchmal schwingen wir hoch, manchmal niedrig, aber wenn wir lernen, die Welt zu unserem Vorteil zu nutzen, beginnen die niedrigeren Zustände – Scham, Schuld, Hass, Rache, Wut, Traurigkeit – und ihre Folgen – Armut, Krankheit, Urteile, Ängste – nach und nach zu verschwinden.

Vielleicht haben Sie sich inzwischen dazu entschlossen, die Augenbinde abzunehmen, und jedes Wort hallt in Ihren Zellen wider wie Lichter, die Räume erhellen, die sich zuvor leer anfühlten. Oder vielleicht stehen Sie diesen Ideen noch skeptisch gegenüber. Wie auch immer, dies ist nicht Ihr Endpunkt.

Wir durchlaufen die Linearität des Spiels: von A nach B, von B nach C. Sobald Sie Ihre Gedanken und spirituellen Grundlagen geordnet haben, sind Sie bereit, Wunder, Quantensprünge, spontane Heilungen und natürlich die einzige Wahrheit in jedem Augenblick zu erleben.

Was Sie bisher gesehen haben, enthält zwar universelle Gesetze und fortgeschrittene spirituelle Konzepte, ist aber ein logischer und einfacher Prozess. Und interessanterweise führt dies oft zu Konflikten bei denen, die sich selbst als „spirituell fortgeschritten" betrachten, weil *sie* unter dem „Ich-weiß-es-schon"-Syndrom leiden.

In Wirklichkeit kann niemand etwas manifestieren, was er noch nicht vollständig integriert hat.

Vielleicht haben Sie schon viel erreicht: Geld, Körper, Klarheit, sogar eine Verbindung zu Gott. Und das ist wertvoll. Aber wenn es einen Bereich in Ihrem Leben gibt, in dem die Wahrheit noch nicht zum Ausdruck kommt – eine zerbrochene Beziehung, eine Schuld, ein körperliches Symptom, eine Inkohärenz –, dann liegt das daran, dass es in diesem Bereich noch etwas zu erinnern gibt.

Und auf dieser Ebene bedeutet Erinnern nicht Denken, sondern Verkörpern.

Wenn Sie also heute keine 10.000 Dollar auf Ihrem Konto haben, dann liegt das daran, dass es etwas in diesem Prozess gibt – innerlich oder äußerlich –, das noch nicht vollständig integriert wurde.

Wenn Ihre Bauchmuskeln noch nicht ausgeprägt sind, liegt das nicht an Ihren Genen, sondern daran, dass etwas in Ihrer Ernährung, Ihrer Einstellung oder Ihrem Glaubenssystem noch nicht mit dieser Realität übereinstimmt.

Wenn Sie Ihre Gaben noch nicht zum Wohle der Welt einsetzen, dann liegt das daran, dass Sie sie – auf einer bestimmten Ebene – noch nicht vollständig für sich beanspruchen.

Wissen ist die Fähigkeit, es zu leben. Alles andere ist nicht verkörpertes Wissen.

Und die Wahrheit manifestiert sich unweigerlich, wenn sie verkörpert wird.

Dieses „Ich weiß es schon"-Syndrom ist das, was die Dinge am meisten verkompliziert, weil es einen fälschlicherweise „erfüllt". Wenn man glaubt, bereits alles zu wissen, lässt man keinen Raum mehr, um weitere Informationen aufzunehmen oder neues Wissen zu integrieren. Mit anderen Worten: Man verschließt sich.

Um weiterzumachen und das Gelernte anzuwenden, muss man daher das Nichtwissen akzeptieren. Es spielt keine Rolle, wie viele Konzepte man hat oder wie viel man erreicht hat: Wenn man diese Zeilen liest, sollte man sich erlauben, bei Null anzufangen. Man sollte sich erlauben, nicht zu wissen, wenn man wirklich eine tiefgreifende Veränderung in sich selbst erreichen will.

„Ich weiß nur, dass ich nichts weiß." Das ist meine Lebensphilosophie. Und das hat es mir ermöglicht, auf den Schultern von Giganten zu stehen, demütig zu bleiben, weiter zu lernen, zu wachsen und mich glücklich zu fühlen. Ein Mensch, der glaubt, bereits alles zu wissen, stagniert, und wer stagniert, entfernt sich vom Glück.

Dieses Buch ist eine Gelegenheit, Ihre Demut zu stärken und sich an den Ort zu begeben, an dem Sie am meisten wachsen können: an den Ort des Lernenden.

Mein Ziel ist es, dass Sie im Laufe der Zeit immer mehr Verständnis, mehr Ausrichtung und einfache, nützliche Werkzeuge erhalten, damit jeder Ihrer Tage ein Tag der Wahrheit wird.

Tage, an denen Sie Ihr Bestes geben, in Frieden leben, sich glücklich fühlen und absolut alles erreichen, was Ihr Verstand sich vorstellen kann.

Also lassen Sie uns weitermachen. Sie haben bereits die komplette Routine, um sich in allen Bereichen auszurichten; jetzt werden wir Ihr Gehirn ein wenig umverdrahten, neue Verbindungen schaffen und anfangen, mit dem zu spielen, was man nicht sieht... mit dem, was real ist.

STOP 6: HÖHERE PRINZIPIEN DER MANIFESTATION

„Nenne die Dinge, die nicht sind, als wären sie da, und du wirst sie erhalten." *(Römer 4:17)*

Dieser Bibelvers enthält die Grundlage aller Prinzipien der Manifestation. Viele Menschen sprechen vom Gesetz der Anziehung, vom Gesetz der Annahme oder von anderen Gesetzen, ohne zu wissen, dass sie alle auf diesem Prinzip beruhen: **Dinge so zu benennen, als wären sie bereits Teil Ihrer Gegenwart**.

Wenn du das, was du dir wünschst, benennst und erklärst, als ob du es bereits erleben würdest, ziehst du es an. Das mag ungreifbar klingen, bis es geschieht. Seit kurzem benutze ich diesen Satz, um Situationen und Dinge in mein Leben zu ziehen, und es funktioniert einwandfrei.

Wie auch immer Sie es formulieren, der Schlüssel liegt immer darin, es in der Gegenwart zu bekräftigen. Es spielt keine Rolle, wie wir es bezeichnen: Tatsache ist, dass wir Schöpfer der Welt sind, in der wir leben, denn die Außenwelt ist die Projektion unseres Inneren. Und wie Sie wissen, ist dieses Innere Ihr Glaubenssystem.

Hier kommen Konzepte wie das **ICH BIN** ins Spiel, das in alten Kulturen geteilt und in *Ein Kurs in Wundern*, einem gechannelten Buch, das Lehren Gottes vermittelt, bekräftigt wird. Dort heißt es: *„Gott ist, und nichts anderes ist."*

Was bedeutet das und wie hängt es mit dem ICH BIN zusammen, um das Leben zu leben, das Sie sich wünschen?

Es bedeutet, dass jede andere Form des Bittens, Suchens oder „Wollens" Sie nur von dem entfernt, was Sie sich wünschen. Wir denken, dass Beten bedeutet, Gott um etwas zu bitten, aber in Wirklichkeit ist das das Lächerlichste und Undankbarste, was wir in diesem Spiel tun können.

Gott um etwas zu bitten bedeutet anzunehmen, dass er etwas hat, das er Ihnen nicht geben will oder nicht geben kann. Wenn das so wäre, warum hat er es dann nicht?

Deshalb scheitern so viele Menschen bei der Manifestation: weil sie aus der falschen Position heraus beten oder spirituelle Gesetze anwenden. Der Versuch, Materie aus der Materie heraus zu beeinflussen, führt niemals zu außergewöhnlichen Ergebnissen. Zuerst beeinflussen wir die Materie aus dem erhöhten Geist heraus, und dann passt sich die Materie dem an, was unser Geist zu sehen vermag. Es geht um das Prinzip **„Glauben, um zu sehen"**.

Deshalb haben wir uns so sehr darauf konzentriert, einschränkende Verhaltens- und Denkmuster loszulassen und neue zu integrieren: Denn es geht nicht darum, zu bitten oder nicht zu bitten, sondern darum, **von wo aus man es tut.**

Wenn man aus der Haltung „Ich habe nicht und ich brauche es" heraus bittet, entfernt man sich von dem, was man will. Kein Gesetz scheint zu funktionieren, und Gott scheint nicht zuzuhören.

Wenn Sie jedoch aus dem **Ich Bin** heraus sprechen, wenn Sie „das, was nicht ist" so nennen, als wäre es bereits da, dann tun Sie dies aus der Gegenwart heraus. Und genau dort beginnt alles zu geschehen.

Wenn Gott „*Ich bin*" sagt, spricht er weder von der Vergangenheit noch von der Zukunft. Er bekräftigt, dass es außerhalb des Seins nichts anderes gibt. Es gibt kein Vorher und Nachher, kein Dort und Hier. Es gibt nur das, was ist.

Das mag zunächst verwirrend klingen, aber dies ist die Wurzel, die viele spirituelle Strömungen verdrehen. Sie bezeichnen als „spirituell", was in Wirklichkeit aus dem Ego entsteht, weil es impliziert, dass es etwas jenseits von Gott gibt. Aber das gibt es nicht.

Deshalb ist die Verbindung zwischen dem „*Ich bin*" und dem Akt, „die Dinge, die nicht sind, als wären sie" zu benennen, so mächtig. Es ist keine Technik, es ist ein Akt der Wahrheit. Wenn man sagt „*Ich bin Gesundheit*" oder „*Ich bin Fülle*", lügt man nicht und gibt sich nicht vor: Man erkennt an, dass Gott ist und nichts anderes. Dass alles andere Illusion ist.

> *„Das ist die eigentliche Grundlage der Manifestation: nicht anziehen, nicht bitten, nicht erwarten. Sein."*

Große Wissenschaftler und Schriftsteller haben sich jahrzehntelang mit der Kraft der Gegenwart beschäftigt und sind immer zu dem gleichen Schluss gekommen: **Die Gegenwart ist das Einzige, was existiert.**

Wenn die Gegenwart das Einzige ist, was existiert, *warum sollte man sich dann bemühen, eine Zukunft zu erschaffen, die noch nicht existiert?*

Hier kommt das Sein ins Spiel, das jetzt das sein will, was es sein will. Denn das, was Sie sich vorstellen, existiert bereits als Realität. Sonst wären Sie nicht einmal in der Lage, daran zu denken. Was Sie sich wünschen, wünschen Sie sich auch. Das, was Sie glauben erreichen zu können, ist bereits eine Tatsache.

Was passiert – und deshalb scheint die Manifestation so lange zu dauern – ist, dass man nichts ohne Glauben manifestieren kann, d. h. ohne Gewissheit und Überzeugung von dem, was man noch nicht sieht, aber weiß, dass man es erreichen kann.

Aus der Perspektive des Egos scheint es, als hätte es etwas manifestiert, weil es „eine Weile gedauert hat", bis es es erhalten hat. Aber im Grunde genommen ist nichts außerhalb der Gegenwart geschehen: Im Moment der Manifestation offenbart sich nur eine neue Gegenwart.

„Glaube ist die Gewissheit dessen, was man hofft, die Überzeugung von dem, was man nicht sieht." *(Hebräer 11:1)*

Betrachten Sie es einmal so: Sie haben vor einiger Zeit begonnen, dieses Buch zu lesen, aber in Wirklichkeit sind Sie nur von Gegenwart zu Gegenwart gegangen. Sie können dem nicht entkommen, auch wenn Sie es wollten. Natürlich können Sie die Vergangenheit wahrnehmen und sich die Zukunft vorstellen, aber all das existiert nur in Ihrem Kopf. Selbst das, was Sie auf der nächsten Seite lesen werden, existiert noch nicht; es wird erst als neue Gegenwart erscheinen. Das mag verrückt, unnötig oder schwer zu verstehen erscheinen, aber wenn Sie Ihren Geist nicht darin trainieren, „das Unsichtbare zu sehen", werden Sie nie etwas anderes erreichen als das, was Sie bereits haben. Denn Glaube bedeutet, das zu sehen, was man nicht hat, und was die Gurus der Manifestation als Manifestation bezeichnen, lässt sich genau so zusammenfassen.

Die ewige und allumfassende Gegenwart ist der Ort, an dem Gott zu finden ist. Und von Gott aus wird Manifestation zu Anziehung. Indem Sie davon ausgehen, dass alles bereits ist, rufen Sie die Dinge lediglich in der Gegenwart hervor, indem Sie das Ich Bin verwenden.

Sehen wir uns ein Beispiel an: Als Sie dieses Buch gekauft haben, hat Ihr Verstand vielleicht etwas gedacht wie: *„Ich werde die Wahrheit erfahren"* oder *„Ich bin neugierig, ich werde es lesen, um zu sehen, worum es geht".*

Diese Haltung – obwohl aufrichtig und wertvoll – ging von einer Erwartung aus: der Erwartung, etwas außerhalb von Ihnen zu finden. Diese Suche entfernt uns oft von unserem eigenen Urteilsvermögen, denn anstatt zu beobachten, was ist, beginnen wir anzunehmen, was sein sollte. Und aus Annahmen heraus zu leben, bringt Sie der Wahrheit nicht näher: Es schließt Sie in fremde Interpretationen ein.

Hätten Sie stattdessen beim Aufschlagen dieses Buches das Ich Bin verwendet, hätten Sie bekräftigt: *„Ich kenne die Wahrheit, denn Ich Bin die Wahrheit."* Diese Aussage ist keine Arroganz, sondern Ausrichtung. Es ist eine Schwingungserklärung, die Sie über das Verlangen stellt und Sie direkt mit der Quelle verbindet. Denn indem Sie es in der Gegenwart bekräftigen, rufen Sie das, was noch nicht sichtbar ist, als wäre es bereits da, und genau das ist es, was die tatsächliche Manifestation auslöst: die Erinnerung an das Ewige im Jetzt.

Wenden Sie dies nun auf jede Situation in Ihrem Leben an. Und achten Sie darauf: Der Teufel wird Ihnen immer in den kleinsten Details dieses Spiels Fallen stellen. Wenn Sie etwas, das nicht so ist, als wäre es so, herbeirufen wollen, könnte er Ihnen zuflüstern: „Es ist nicht real, also hat es keine Kraft." Aber fragen Sie sich: Wer versucht, durch diese Aussage Macht zu erlangen? Genau: der Teufel selbst.

Das Ich Bin ist die Erlösung, denn das Ich Bin ist die absolute Einheit mit Ihnen selbst, mit anderen und mit Gott in jedem Augenblick. Wenn Sie Zugang zu dieser Verbindung mit der göttlichen und unendlichen Quelle haben, wird Ihr Leben von hohen Prinzipien geleitet. Und dann ist Manifestation kein Problem mehr, denn Sie verstehen, dass, wenn Gott ist und nichts anderes ist, Sie immer alles haben, was Sie brauchen, weil alles *bereits ist.*

Wir werden weitermachen, damit Sie einen genauen Leitfaden für die Bedeutung davon erhalten. Denn mehr als ein Kurs über Manifestation ist die Wahrheit eine Tatsache. Wenn Sie am Ende etwas verstehen, dann sollte es dies sein: Sie sind ein wandelnder Schöpfer. Alles, was Sie anziehen – ob es Ihnen gefällt oder nicht – kam aufgrund Ihrer Frequenz. Ihre Energie zieht an oder stößt ab, was Sie für Ihren Evolutionsprozess brauchen. Das Problem ist nicht der Mangel an Macht, sondern unsere unschuldige Nachlässigkeit gegenüber dieser so mächtigen Realität.

> *„So wie Sie in Ihrem Leben alles erschaffen können, was Sie wollen, können Sie auch alles ändern, was Sie wollen. Nichts ist dauerhaft, außer der Veränderung."*

Aber wie können wir eine Situation in unserem Leben verändern? Die Antwort ist einfach: Wenn alles auf unseren Frequenzzustand reagiert – der durch unsere vorherrschenden Gedanken geschaffen wird –, müssen wir diese Gedanken ändern, auf die aktive Seite wechseln und ... unser Bewusstseinsniveau erhöhen.

Bevor wir uns mit diesem immateriellen Bereich befassen, möchte ich Ihnen eine klare Zusammenfassung über die Anziehung und Abstoßung dessen geben, was Sie sich wünschen, damit Sie von nun an nicht mehr nach der Wahrheit im Außen suchen müssen und beginnen, als Schöpfer von Umständen zu leben und nicht als Opfer derselben.

<u>Genaue Schritte, um das, was Sie sich wünschen, in Ihr Leben zu ziehen und jede Situation zu verändern:</u>

1. **Definieren Sie, was Sie wollen.** Erstellen Sie in fünf Minuten eine Liste mit den Dingen, die Sie sich am meisten wünschen, und stellen Sie sich vor, dass es unmöglich ist, bei dem Versuch, sie zu erreichen, zu scheitern.

2. **Bewerten Sie Ihre Liste.** Lesen Sie sie durch und bewerten Sie jeden Wunsch auf einer Skala von 1 bis 10, je nachdem, wie sehr Sie glauben, dass Sie ihn innerhalb von sechs Monaten erreichen können. 1 steht für *„Ich glaube nicht, dass ich es schaffen kann"* und 10 für *„Ich bin überzeugt, dass ich es schaffen kann"*.

3. **Filtern Sie Ihre Prioritäten.** Konzentrieren Sie sich nur auf die Wünsche, die mit 8, 9 oder 10 bewertet sind. Die anderen können Sie vorerst verwerfen; es ist noch nicht an der Zeit.

4. **Erstellen Sie einen Plan.** Entwerfen Sie einen Weg, der Sie Ihrer Meinung nach diesen Zielen näher bringt.

5. **Visualisieren Sie jeden Tag.** Gehen Sie Ihre Ziele durch, stellen Sie sich vor, Sie hätten sie bereits erreicht, und seien Sie dankbar dafür.

Ein klares Zeichen dafür, dass Sie sich auf der richtigen Schwingungsebene befinden, ist, dass Sie wirklich das Gefühl haben, Ihr Ziel zu erreichen. Sie fühlen sich fröhlich, erfüllt und zufrieden. Wenn dies nicht der Fall ist, bedeutet dies, dass Ihre Überzeugung nicht auf einer Skala von 8, 9 oder 10 lag, und Sie sollten sich neue Ziele setzen.

Ich weiß, dass viele lehren, groß zu träumen, und ich halte das für wertvoll: Sie sollten es tun. Ich selbst trainiere meinen Geist ständig, um ihn zu Zielen zu führen, die heute undenkbar erscheinen, aber ich tue dies als eine Übung zur Erweiterung. Wenn Sie nur von Dingen träumen, die Ihnen zu weit entfernt erscheinen, werden Sie diese nur noch weiter von sich entfernen. Diese Übung hilft Ihnen, Ihre aktuellen Grenzen zu erkennen, aber sie spornt Sie auch an, sich nach und nach zu erweitern und Ihr Vertrauen in diese mächtige Ressource und diese grundlegende Wahrheit zu stärken.

Als ich den Dokumentarfilm „*The Secret*" und seine Lehre über das Gesetz der Anziehung entdeckte, stellte ich fest, dass es manchmal funktionierte und manchmal nicht. Es war frustrierend zu spüren, dass ich nicht zu der Gruppe von Menschen gehörte, die das, was sie sich wünschten, anziehen konnten. Nachdem ich diese Technik mehrere Jahre lang angewendet habe, kann ich Ihnen versichern, dass sie zu 100 % funktioniert. Der Unterschied liegt im Bewusstseinsniveau: Aus einem niedrigen Bewusstseinszustand heraus bleibt unser Geist dualistisch und klammert sich an das Fleisch, an die Form und an lineare Prozesse von A, B und C, was uns glauben lässt, dass die Möglichkeit der Manifestation oder Anziehung nicht funktioniert, und wo Zweifel ist, ist Angst, und wo Angst ist, ist kein Glaube. Und ohne Glauben gibt es keine Manifestation.

Ich lade Sie nun ein, einen Teil Ihres Geistes mit dem gleichen Engagement zu trainieren, das jemand in seinen Lieblingssport steckt, wenn er wirklich gut werden will. Es geht nicht darum, es zu versuchen, sondern darum, sich zu entscheiden. Dies ist ein Prozess der Bildung, Transformation und Erweiterung, der immer quantischer wird. Und auch wenn es so scheint, ist es weder Magie noch Zufall: Es funktioniert, wenn Sie es funktionieren lassen. Je mehr Sie es üben, desto mehr werden Sie feststellen, dass es immer funktioniert. Aber wenn Sie es nur halbherzig tun, erwarten Sie keine vollständigen Veränderungen.

Damit Ihnen nicht dasselbe passiert wie mir, als ich dies entdeckte, möchte ich Ihnen etwas Mächtiges und Subtiles, aber Wesentliches beibringen: das Prinzip, das diesem ganzen Prozess des Seins und des Anziehens genau dessen, was Sie sich wünschen, zugrunde liegt. Und denken Sie daran, ich lehre Sie das nicht, weil dies ein „Manifestationsbuch" ist, sondern weil **die Wahrheit der Existenz Energie, Frequenz und Schwingung ist** und das Erlernen dieser Prinzipien etwas ist, das uns allen von klein auf hätte beigebracht werden sollen. 1 % der Menschen nutzt sie und ist sich ihrer seit Generationen bewusst ( ), und jetzt ist es an der Zeit, dass Sie diese Informationen mit dem gebührenden Respekt behandeln, den sie verdienen. Man hat uns viele Dinge beigebracht, aber nicht, zu denken und die Wahrheit zu erkennen. Und die Wahrheit, lieber Leser, ist spirituell. Wenn Sie sich also nicht mit dem vertraut machen, was Sie nicht sehen, werden Sie immer einen Schritt hinter denen zurückbleiben, die sich in der Welt des Exponentiellen bewegen.

STOP 7: DAS BEWUSSTSEINSEBENE ERHÖHEN

Sie können nicht erwarten, dass ein einziger Satz Ihr Leben für immer verändert. Damit unsere Spielregeln solide, klar und hoch sind, muss das Engagement darin bestehen, **unser Bewusstseinsniveau** und damit unseren Frequenzzustand **zu erhöhen**.

Sehen Sie, alles im greifbaren Universum ist Energie, und Energie schwingt. Wir Menschen sind direkte Kanäle dieser Energie, deshalb ist Ihr Körper so wichtig. An diesem Punkt lernen Sie, ihn optimal als Kanal für das Göttliche und als unerschöpfliche Energiequelle zu nutzen. Das Konzept der „Müdigkeit" werden Sie aus Ihrem Geist verbannen, denn wie Sie bereits auf den vorherigen Seiten verstanden haben, ist es nicht real. Aber wie kann ich mir dessen so sicher sein?

Jahrzehntelang hat Dr. David R. Hawkins die Ebenen des menschlichen Bewusstseins untersucht und die **Bewusstseinskarte** erstellt, einen präzisen Leitfaden, um zu erkennen, wo Sie stehen und wohin Sie gehen können.

Die Karte sieht wie folgt aus:

Ebene	Kalibrierung	Emotion	Lebensanschauung
Erleuchtung	700-1000	Unbeschreiblich	Es
Frieden	600	Glück	vollkommen
Freude	540	Gelassenheit	Vollkommenheit
Liebe	500	Verehrung	Gütigkeit
Vernunft	400	Verständnis	Bedeutungsvoll
Akzeptanz	350	Vergebung	Harmonisch
Begeisterung	310	Optimismus	Hoffnungsvoll
Neutralität	250	Vertrauen	Zufriedenstellend
Mut	200	Bestätigung	Zustimmung
Stolz	175	Verachtung	Kläger
Wut	150	Hass	Antagonist
Wunsch	125	Sehnsucht	Enttäuschend
Angst	100	Angst	Beängstigend
Trauer	75	Reue	Tragisch
Apathie	50	Verzweiflung	Hoffnungslos
Schuld	30	Schuld	Bösartig
Scham	20	Demütigung	Elend

Wie Sie sehen können, entsprechen Werte unter 200 den niedrigsten Schwingungszuständen und neigen dazu, Leben zu zerstören. Tatsächlich ist ein Mensch unterhalb von 20 dem Tod sehr nahe.

Ab 200 hingegen beginnt der Mensch, eine positivere und expansivere Sicht auf das Leben zu entwickeln. Aus diesen Zuständen heraus richten sich Körper und Geist immer mehr aufeinander aus und gewinnen eine harmonischere Sicht auf Gott und die Existenz.

Es ist wichtig zu verstehen, dass **unsere Frequenz ständig schwankt**. Kein Tag wird wie der vorherige sein, und wir können nicht kontrollieren, dass morgen alles identisch sein wird. Die wahre menschliche Kraft liegt in der **bewussten Wahl unserer Ressourcen** – wie Sie sie bereits gesehen haben – und vor allem in der Ausübung dieser großen Kraft, die wir fast nie nutzen: **der Wahl**.

Niemand, der bei klarem Verstand ist, würde sich bewusst dafür entscheiden, in Leid, Angst, Schuld oder Scham zu leben. Warum leben wir dann so oft in diesen Zuständen?

Die Antwort ist einfach: Weil wir oft nicht bewusst genug sind, um zwischen der Stimme des Egos (dem „Teufel") und der Stimme der Wahrheit (Gott) zu unterscheiden. Ein Mensch, der nicht zwischen hohen Gedanken und negativen Gedanken unterscheidet, lebt am Ende das, was „ihm zusteht", und das ist in der Regel alles andere als das, was er wirklich wollte. Indem sie sich mit dem zufrieden gibt, was da ist, hört sie auf zu bitten, und da sie nicht bittet und keinen Glauben hat, erhält sie auch nichts.

Wir geraten oft in Zustände niedriger Frequenz, weil wir das Leben nicht mit der Verantwortung nehmen, die es verdient. Wir halten das Wesentliche für selbstverständlich: am Leben zu sein, zu atmen, einen Körper zu haben, zu denken, zu sprechen. Indem wir es für selbstverständlich halten, vergessen wir das Leben selbst.

Ist Ihnen aufgefallen, dass diejenigen, die am meisten mit dem Göttlichen verbunden sind, oft diejenigen sind, die inmitten der Natur leben – in den Bergen, Wäldern, an Flüssen oder Stränden? Warum ist das so? Weil ihre Umgebung von Reinheit, Größe und Leben durchdrungen ist und diese Normalität zu innerem Frieden wird. Das bedeutet nicht, dass Sie sofort in eine natürliche Umgebung ziehen müssen, sondern dass Sie verstehen, dass **das, was Sie in Ihrem äußeren Leben als normal ansehen, Ihre gesamte innere Welt verändert.**

> *„Wenn Sie Schmerz und Leid normalisieren, werden Sie das erhalten. Wenn Sie Krankheit normalisieren, werden Sie das erhalten. Wenn Sie Reichtum und Frieden normalisieren, werden Sie das erhalten."*

Sie ziehen immer das an, was mit Ihnen in Resonanz steht. Selbst unangenehme Situationen oder Menschen, die Sie nicht ausstehen können, die aber jeden Tag auftauchen, sind da, weil sie mit Ihrem Feld in Resonanz stehen. Alles wird von Ihnen und für Sie geschaffen. Und wenn Sie darüber nachdenken, beginnt sich der Schleier von selbst zu lüften. Sie müssen ihn nicht wegreißen; das Licht löst die Dunkelheit nach und nach auf.

Die Bewusstseinskarte ist ein praktisches Werkzeug, mit dem Sie einen Ausgangspunkt für Ihren Alltag festlegen können. Machen Sie sich damit vertraut und nutzen Sie sie, um erhöhte Zustände zu normalisieren, wobei Sie immer daran denken sollten, dass Schuld, Apathie oder Angst niemals fruchtbarer Boden sind. Was auch immer Sie tun, tun Sie es mit einer liebevollen und hohen Absicht.

Auf jeder Stufe unter 200 ist Vergebung einer der mächtigsten Katalysatoren, um sich zu erheben. Alles, was Sie stört, was Ihnen peinlich ist, was Ihnen Schuldgefühle bereitet oder jede andere Last, die Sie erleben, kann in einem einzigen Moment des Verstehens und der Vergebung aufgelöst werden.

Im Gegensatz zu dem, was uns viele Religionen gelehrt haben, ist wahre Vergebung nicht die, die „Sünden auslöscht", sondern die, die den Glauben auflöst, dass der Konflikt, den Sie erlebt haben, real war. Wenn wir „Sünde" als den Konflikt verstehen, der Schuldgefühle und das Bedürfnis, sich zu entschuldigen, hervorgerufen hat, dann müssen wir ihn nicht mit uns herumtragen, sondern ihn überwinden. In meinem Buch *Conoce el único principio (Lerne das einzige Prinzip kennen)* gehe ich näher auf dieses Thema ein, denn wenn wir etwas Unedles tun und statt es zu akzeptieren und daraus zu lernen, in Schuldgefühle verfallen, wachsen wir nicht nur nicht, sondern senken unsere Schwingung auf den Boden.

Wenn Sie sich die Karte jedoch genauer ansehen, werden Sie feststellen, dass sogar Wut eine wichtige Rolle spielt, da sie mit höher schwingt als Zustände wie Angst oder Apathie. Daher sollte keiner dieser Bewusstseinszustände als „gut" oder „schlecht" bezeichnet werden. Es ist eine Karte, und eine Karte ist nicht moralisch: Sie ist lediglich ein Leitfaden, der uns hilft, Perspektive zu gewinnen und Entscheidungen zu treffen. Sie können wählen, in welchem Zustand Sie schwingen möchten.

Und auch wenn Sie sich oft in niedrigen Frequenzen wiederfinden, wissen Sie jetzt, dass es mehr Möglichkeiten gibt. Und allein diese Erinnerung ist schon revolutionär.

Je mehr Ihr Engagement wächst, desto mehr wächst auch Ihr Bewusstsein. Dadurch steigen Ihre Frequenz und Ihre Schwingung auf der Karte und bringen Sie Gott und gleichzeitig Ihren Träumen immer näher.

Denken Sie daran: Was Sie wollen, will auch Sie. Aber um diese Idee zu akzeptieren, ist es notwendig, in Zustände der Einheit und nicht der Trennung einzutreten. Um zu verstehen, dass das, was Sie wollen, auch Sie will, müssen Sie zuerst lernen, sich selbst zu lieben, andere mit Liebe zu behandeln und Gott in die Gleichung Ihres Lebens einzubeziehen.

STOP 8: DAS EINZIGE NOTWENDIGE ZIEL ERREICHEN

Damit wir mit absoluter Gewissheit vorankommen können, müssen wir mit Gott voranschreiten. Mehr gibt es nicht. Ich werde mich hier ganz klar ausdrücken, denn ich möchte, dass Sie aufhören, sich von Botschaften ablenken zu lassen, die Sie nur verwirrt haben.

Sehen Sie, wir wissen nicht genau, was uns am Leben hält, aber wir wissen ganz klar, dass wir weder unser Leben noch unseren Tod kontrollieren. Am Leben zu sein ist weder zufällig noch kausal: Es ist synchron, perfekt und unerklärlich.

Heute gehen Sie schlafen und morgen wachen Sie auf, ohne sich an den genauen Moment zu erinnern, in dem Sie eingeschlafen sind. Aber eines Tages wird das nicht mehr so sein. Und das ist in Ordnung. Was wirklich zählt, ist diese Tatsache: **Sie sind heute am Leben**.

Wir Menschen tappen ständig in die Falle zu glauben, dass „später mache ich es" real ist, dass es ein „später" gibt, dass die Zukunft garantiert ist. Und genau das möchte ich Ihnen ersparen, nicht weil es „gefährlich" ist, sondern weil genau diese Denkweise Ihnen die Möglichkeit raubt, jetzt zu leben. Viele Menschen haben Angst vor dem Tod, aber sie merken nicht, dass sie gerade wegen dieser Angst nicht in der Gegenwart leben. Und das sollte die richtige Definition von „Tod" sein: in einer Zeit zu leben, die es jetzt nicht gibt.

Wenn es Ihnen gelingt, ohne Zweifel zu gehen, werden Sie das erreichen, was wir alle im Grunde wollen: leben. Und beim Leben geht es nicht darum, wo Sie sind, wer Sie umgibt, was Sie tun oder was Sie haben. Leben ist ein innerer Zustand. Entweder fühlen Sie sich lebendig oder Sie fühlen sich nicht lebendig. Ein besorgter Geist kann sich nicht lebendig fühlen. Ein von Angst erfüllter Geist kann sich nicht lebendig fühlen. Um von höheren Zuständen zu überfließen – um hohe Bewusstseinsstufen zu bewohnen – muss Ihr Ziel klar, präzise und auf ein höheres Wohl ausgerichtet sein: auf Gott ausgerichtet. Und was will Gott? Das Gleiche wie Sie!

Viele Menschen warten auf Momente der Not oder Katastrophe, um zu Gott zu schauen und sich mit dem Unerklärlichen zu verbinden. Aber Sie müssen nicht auf einen Konflikt warten. Es ist viel kraftvoller, sich für die Wahrheit zu entscheiden, wenn alles gut läuft, als wenn es nicht gut läuft.

„Jesus sagte zu ihm: Weil du mich gesehen hast, Thomas, hast du geglaubt; selig sind, die nicht sehen und doch glauben." *(Johannes 20:29)*

Das Unbegrenzte befindet sich in der Gegenwart, in diesem Raum, der alles erschafft und paradoxerweise leer erscheint.

Durch seine Gegenwart ist Gott eins mit Ihnen und allen Wesen, die die Erde bewohnen. Um dieser Einheit näher zu kommen, müssen Sie sich vorbehaltlos Ihrer Bestimmung hingeben und alle Ablenkungen oder Zweifel ausräumen, die Ihnen im Weg stehen könnten. Das Kuriose daran ist, dass nur sehr wenige dazu bereit sind. Warum? Weil es einfacher ist, sich vom

Komfort treiben zu lassen. Aber ein zielgerichtetes Leben zu führen bedeutet nicht, betäubt zu leben, sich zu drogen, sich Lastern hinzugeben oder der Realität zu entfliehen. Das ist kein Leben: Das ist Überleben, was gleichbedeutend damit ist, dass Sie Ihr Leben dem Teufel überlassen haben, weil Sie sich für Konformismus entschieden haben, anstatt die Verantwortung zu übernehmen, die positive Seite des Lebens zu betreten und Ihre Wünsche zu verwirklichen.

Es scheint ein einfaches Wortspiel zu sein, aber in Wirklichkeit ist es die einzige Wahrheit über das Leben. Sie suchen nach dem „fünften Bein der Katze", um ein Ego zu beruhigen, das glaubt, dass „es noch etwas anderes geben muss". Aber nein, es muss nichts anderes geben als das, was bereits da ist. Denn das ist das Einzige, was es gibt, und das Einzige, was es jemals geben wird.

Denken Sie daran: **Gott ist, und nichts anderes ist.** Das Gleiche gilt für Ihr Leben: **Ihr Leben ist, und nichts anderes ist.**

Die Frage ist: Welches Leben wählen Sie für sich?

Verstehen Sie Folgendes: Alles, was Sie anders haben wollen als das, was Sie jetzt bereits haben, führt Sie direkt zum Leiden, weil es Sie von Gott trennt. Wenn Sie hingegen alles, was Sie bereits haben, anerkennen und dafür dankbar sind, bringt Sie das Gott näher, weil es Sie mit der Frequenz der Dankbarkeit in Einklang bringt, die sagt: **„Mir wurde bereits alles gegeben".**

Sie haben einen so hohen Grad an freiem Willen, dass Sie sich das Leben aussuchen können, das Sie leben wollen: ein Leben voller Leiden oder ein Leben voller ständiger Dankbarkeit. Und auch wenn das drastisch klingt, ist es das nicht im Geringsten. In einem Flugzeug kann es Turbulenzen geben, aber das bedeutet nicht, dass Sie Ihren Frieden verlieren müssen ... es sei denn, Sie glauben weiterhin, dass Sie nur Ihr Körper sind.

Der natürliche Widerstand gegen solche Aussagen hängt oft mit dem Drang des Egos zusammen, uns ständig daran zu erinnern, dass wir es sind. Da es eng mit dem Körper und allem, was es zu besitzen glaubt, verbunden ist, löst alles, was sich seiner Kontrolle entzieht, alle Alarmglocken seines Systems aus. Das Ego will nicht sterben; oder es sucht den Tod als Befreiung. Sein größtes Problem ist, wie Sie feststellen werden, dass es glaubt, es gäbe Probleme. Es glaubt, dass es schmerzhaft ist, am Leben zu sein, und dass es auch schmerzhaft wäre, nicht am Leben zu sein. Anstatt in der Dualität zu spielen, glaubt es, dass es die Dualität ist.

Fernsehen und soziale Netzwerke sind heute die wichtigsten Kanäle der mentalen Programmierung. Vielleicht werden sie nie aufhören, Angst, Spaltung und Abhängigkeit zu fördern. Aber Sie haben die Wahl: Sie können diese Inhalte nicht konsumieren, Accounts, die Ihre Energie rauben, nicht mehr folgen, Algorithmen, die Sie hypnotisieren, stumm schalten oder sogar die Apps löschen, die Sie gefangen halten.

Das Fernsehen kann ausgeschaltet werden. Das Handy auch.

Netflix wird vielleicht nie aufhören, Horrorfilme anzubieten, aber Sie können sich entscheiden, Netflix nicht zu bezahlen oder sie einfach nicht anzuschauen.

Impfstoffe werden vielleicht weiterhin als Manipulationsinstrumente eingesetzt, aber Sie können sich entscheiden, sich nicht impfen zu lassen oder dies bewusst und mit Liebe zu tun.

Die Regierenden mögen weiterhin ihre eigenen Interessen und nicht die der Bevölkerung vertreten, aber Sie können beginnen,

Ihre eigenen Interessen und das Gemeinwohl Ihrer Mitmenschen zu vertreten.

Das Leben mag nicht „gerecht" sein, aber Sie können in Frieden leben.

Der Tod mag unvermeidlich sein, aber im Moment sind Sie am Leben.

Wenn etwas die Wahrheit enthält, dann ist es das Verständnis. Zu verstehen, dass der einzige Weg zur Liebe darin besteht, das Spiel, in dem wir uns befinden, zu integrieren. Angst vor dem zu haben, was passieren wird, bedeutet nicht, lebendig zu sein, sondern sich vom Leben getrennt zu fühlen. Und diese Trennung ist es, die Sie nach und nach von Gott, Ihren Träumen und dem Leben, das Sie wirklich verdienen, entfernt.

„Nichts im Leben hat die Macht, Ihnen zu schaden, denn Sie sind nicht etwas, das Schaden nehmen kann. Denken Sie daran: Sie haben einen Körper, aber Sie sind nicht dieser Körper."

STOP 9: IN ABSOLUTER AUSRICHTUNG LEBEN

Viele glauben, dass es falsch ist, materielle Dinge zu erwerben, obwohl in Wirklichkeit das Einzige, was „falsch" ist, das Urteil ist, das etwas als gut oder schlecht einstuft. Das Leben anderer ist Teil Ihrer unbewussten Projektion. Was Sie in anderen sehen, spiegelt etwas wider, das Sie für Ihren eigenen Weg brauchen: um etwas zu lernen, zu integrieren oder zu entdecken, das Sie zuvor nicht sehen konnten . Ja, es kann schwer sein, das zu wissen. Aber ich sage Ihnen ganz offen, dass es keinen „anderen" gibt, den Sie als Partner, Freund, Mutter, Vater usw. bezeichnen können. Alles in diesem Leben wirkt zu Ihren Gunsten, auch wenn dieser Vorteil als die größte und wichtigste Lektion Ihres Lebens getarnt ist.

Mit der einzigen Wahrheit werde ich Ihnen niemals sagen, dass Sie nichts besitzen sollen. Ich werde Sie jedoch immer daran erinnern, dass alles, was Sie „besitzen", in Wirklichkeit nicht Ihnen gehört: Sie verwalten es nur. Es stimmt, dass Sie Dinge kaufen, einen Partner, Freunde, Familie oder Haustiere haben können. Und es stimmt ebenso, dass Sie auf einer tieferen Ebene nichts davon haben.

Je weiter es in seiner inneren Entwicklung und seiner Verbindung zu Gott voranschreitet, desto mehr versteht es, dass die Dinge der Welt Werkzeuge sind: Sie dienen ihm dazu, Losgelöstheit und Anhaftung auszugleichen. Nach und nach verlieren sie die Bedeutung, die sie am Anfang hatten, aber dennoch erlaubt es sich, sie zu benutzen und zu genießen, weil es einfach lebt.

Es gibt Menschen, die sich dafür entscheiden, nichts zu kaufen und sich vollständig vom Kapitalismus abzuwenden, wie viele Yogis. Dennoch konsumieren sie, solange sie leben, Wasser oder Nahrung, wenn auch in vollem Bewusstsein. Nahrungsmittel, so hoch sie auch sein mögen, gehören zur pragmatischen Ebene.

Sie haben kein Bewusstsein, deshalb haben sie für sich genommen keinen hohen Stellenwert. Ihre Rolle besteht nicht darin, zur Erleuchtung zu führen, sondern diese nicht zu behindern.

Mit Präsenz und Bewusstsein zu essen erhöht Ihre Energie mehr als jede Zutat an sich. Ein Lebensmittel kann rein sein, aber wenn es aus Anhaftung, Angst oder Unordnung gegessen wird, senkt es seine Frequenz.

Sein Zweck ist ein anderer: Ihren Körper zu erhalten, Ablenkungen zu vermeiden und Ihren Zweck zu begleiten, nicht ihn zu ersetzen.

Welchen Weg Sie auch wählen, denken Sie immer daran, ihn aus der Integration heraus zu gehen und nicht aus der Trennung. Wie nah Sie Gott auch sein mögen, wie bewusst Sie auch sein mögen, wenn es Ihr Ziel ist, zu geben und zu teilen, sollte Ihnen die Nutzung der Dinge dieser Welt keinen Konflikt bereiten.

Nach meiner persönlichen Erfahrung habe ich weder den Weg der Isolation noch den des extremen Minimalismus gewählt, aber auch nicht den der Anhäufung. Wie Sie vielleicht bereits wissen, teile ich mein Leben in sozialen Netzwerken: die Dinge, die ich loslasse und die ich auswähle, die Orte, an denen ich lebe, und die Erkenntnisse, die ich auf meinem Weg gewinne.

Dieses Teilen ist kein Zufall: Es ist Teil meines Lebenszwecks. Durch diese Inhalte inspiriere ich andere Menschen, sich selbst zu hinterfragen, aufzuwachen und bewusster zu handeln.

Ja, ich verdiene damit auch Geld. Tausende von Dollar, die als direkte Folge davon eintreffen, dass ich in Übereinstimmung mit mir selbst lebe, Bücher schreibe, die zum Erwachen anregen, Gemeinschaften bilde und Produkte schaffe, die mit dem, was ich lehre, im Einklang stehen.

Am Anfang war es für mich schwierig, dies zu integrieren. Zu akzeptieren, dass ich ein bekannter Autor und Millionär werden würde und dass es Teil meiner Bestimmung sein würde, alles zu zeigen – das Materielle, das Spirituelle, das Einfache und das Luxuriöse – war eine Herausforderung. In der Welt gibt es viel Ablehnung gegenüber denen, die es schaffen, von dem zu leben, was sie lieben, weil viele glauben, dass sie das nicht können. Das zu sagen ist leicht, aber wenn man es lebt, versteht man, dass es auch ein Akt des Dienens ist, es zu zeigen: weil es beweist, dass es möglich ist.

Vor einiger Zeit besuchte ich einen buddhistischen Tempel in Uruguay, wo ich etwas begriff, das mich tief beeindruckte:

> *„Ein wahrer Meister ist derjenige, der erleuchtet ist, aber in die Welt hinabsteigt, um andere zu erleuchten."*

Was nützen so viele Erkenntnisse oder eine erhabene Lebensweise, wenn sie niemandem sonst nützen? Man sagt, dass wir Glück finden, indem wir anderen helfen, es zu finden, und mit der Zeit bestätige ich immer mehr, dass dies wahr ist.

Natürlich kann die Wahrheit unbequem sein, und wenn man sich für die Erleuchtung entscheidet, kann es sein, dass man von verschiedenen „Käfern" angegriffen wird – schließlich fliegen sie immer zur brennenden Lampe. Aber trotzdem ist der Weg der Wahrheit der Weg, den jeder Mensch zu leben verdient. **Sie verdienen es, mit Gott zu leben.**

Wie können wir nun in absoluter Übereinstimmung leben, an unserer Wahrheit festhalten und uns Gott nahe fühlen?

1. **Indem wir uns darüber im Klaren sind, was wir wollen.** Definieren Sie genau, was Sie sich wünschen, und leben Sie jeden Tag im Einklang mit dieser Wahrheit.

2. **Seien Sie integer.** Wenn wir andere ablehnen oder uns von dem entfernen, was uns Konflikte bereitet, verzögern wir nur unseren Entwicklungsprozess.

3. **Andere auf dem Weg erleuchten.** Machen Sie spirituelle Fortschritte in Riesenschritten, aber vergessen Sie nicht, zurückzukehren und Ihre Erfahrungen zu teilen.

Ich möchte kurz auf diesen letzten Punkt eingehen, bevor wir uns der Matrix zuwenden.

Jedes Mal, wenn Sie zu viel Materielles ansammeln – Gegenstände, Essen, Beziehungen –, laufen Sie Gefahr, sich vom Spirituellen zu entfernen. Deshalb ist die Investition in Ihr Selbst entscheidend: Sie ermöglicht es Ihnen, immer über dem Materiellen zu stehen.

Was bedeutet es, in das Selbst zu investieren?

In das Selbst zu investieren bedeutet, Ressourcen – Zeit, Energie, Geld und Aufmerksamkeit – für das einzusetzen, was Sie innerlich erweitert. Es bedeutet, Stille statt Lärm zu wählen. Es bedeutet, für eine Mentorenbetreuung zu bezahlen, anstatt etwas zu kaufen, das Sie nicht brauchen. Es bedeutet, sich nicht mehr von Bildschirmen ablenken zu lassen, sondern nach innen zu schauen oder sich mit einem guten Buch zu beschäftigen. Es bedeutet, in das Ewige zu investieren und nicht nur in das Unmittelbare.

In das Selbst zu investieren, zahlt sich nicht immer sofort aus, aber es verändert von Grund auf alles, was Sie sind, und damit auch alles, was Sie haben.

Interessanterweise ist es oft gerade dann, wenn Sie das Gefühl haben, sich zu sehr erhoben zu haben, dass es am nützlichsten ist, etwas Materielles zu erwerben: **Haben durch Tun.**

Dies offenbart etwas, das viele übersehen: Die Formel funktioniert nur in echter Ausrichtung, wenn jede Komponente bewusst eingesetzt wird.

Ja, am Anfang scheint es, als müssten wir uns nur um das Sein kümmern. Aber das Sein wächst, verändert sich, dehnt sich aus. Was heute hohe Taten sind, sind es morgen vielleicht nicht mehr. Was Sie heute haben möchten, kann sich morgen in ein anderes Verlangen verwandeln. Und das ist in Ordnung. Der Schlüssel liegt darin, uns anzupassen, ohne die solide Grundlage zu verlieren: ein Sein, das in der Lage ist, jede Widrigkeit und jeden Erfolg zu ertragen, der kommt.

> *„Wahrer Erfolg entsteht, wenn wir in der Lage sind, mit den Veränderungen des Lebens aus innerer Ruhe und Ausrichtung heraus zu gehen."*

„Erkenne die einzige Wahrheit" war für mich ein Aufruf des Bewusstseins, eine Bewegung, von der ich glaube, dass sie die ganze Welt revolutioniert. Viele sagen, dass die einzige Wahrheit Gott ist oder dass das einzige Buch, das sie enthält, die Bibel ist. Aber es gibt noch viel mehr, worauf wir uns vertiefen können. Denn egal, was man glaubt, egal, was man liest, hinter allem steht eine Gewissheit: **Die einzige Wahrheit ist für alle dieselbe**, auch wenn jeder Einzelne sie anders wahrnimmt, gefiltert durch die Quelle, die uns erschaffen hat.

Im nächsten Kapitel werden wir Grenzen und Barrieren überwinden. Wir werden Antworten auf jene Fragen suchen, die wir uns alle schon einmal gestellt haben und die uns bisher nur

Unsicherheit bereitet haben. Wie ich zu Beginn gesagt habe, geht es nicht darum, mehr Informationen anzuhäufen oder etwas „Neues" zu lernen. Zu denken, dass wir etwas brauchen, versetzt uns in einen Zustand des Mangels. Die Einladung lautet, zu beobachten, das Gelesene aus einer Position der Stärke heraus zu verinnerlichen, die es Ihnen ermöglicht, über Ihre derzeitigen Grenzen hinauszugehen. Denn mit jedem wahren Verständnis wird Ihr Leben reicher, erfüllter und voller.

An diesem Punkt wird jeder, der das im ersten Kapitel Gesagte verinnerlicht und angewendet hat, klarer verstehen können, wie diese Welt aufgebaut ist, welche Netzwerke dahinter stehen, und tiefgründige Antworten auf Fragen finden, die seit Jahren in ihm schlummern. Kapitel zwei von „Die Wahrheit" ist nichts weiter als eine Erinnerung. Wir werden Punkte verbinden, Ideen verknüpfen und Sie werden entdecken, dass Sie den Weg schon immer kannten, dass die einzige Wahrheit schon immer da war. Das wird Ihnen Frieden, Freude und Erfüllung bringen, einfach durch das Verständnis dieser Existenz.

Dieses Kapitel ist tiefgründig, aber es wird Ihnen das Wichtigste zurückgeben: **Ihre Kraft.**

„Das System", „die Matrix", hat dafür gesorgt, dass Botschaften der Trennung, Angst und des Konflikts verbreitet wurden. Das hat einen Großteil der Menschheit dazu gebracht, das größte Geschenk zu vergessen, mit dem Gott uns auf diese Welt gebracht hat: **Verantwortung.**

*„Denken Sie nie wieder, dass Sie konditioniert
sind. Denken Sie daran: Sie sind programmiert.
Wenn Sie programmiert sind, können Sie sich auch
deprogrammieren. Die Verantwortung liegt immer
bei Ihnen, und das ist das Geschenk, das Gott für
Sie bereithält."*

Jetzt, da Sie nicht mehr ziellos umherirren, sind Sie bereit zu sehen. Nicht mit den Augen der Welt, sondern mit denen der Seele.

KAPITEL 2

DIE MATRIX ENTDECKEN

Dieses Kapitel ist eine **heilige Reise hinab**. Aber nicht in die Dunkelheit, sondern zu den Wurzeln der Programmierungen, die die Menschheit daran gehindert haben, sich daran zu erinnern, wer sie wirklich ist.

Wir werden es in zwei Phasen unterteilen. Nicht weil sie getrennt sind, sondern weil sie sich auf verschiedenen Ebenen derselben Täuschung manifestieren.

Phase 1: Die Programmierung des Systems und die Angst

In diesem ersten Teil werden wir uns ansehen, wie die sichtbare Matrix strukturiert ist: Regierungen, Medien, induzierte Krankheiten, emotionale Kontrolle, Kriege und massive Ablenkungen. Nicht aus Paranoia heraus, sondern aus Bewusstsein.

Hier werden Sie verstehen, wie Angst als Strategie eingesetzt wurde, um Ihre Verbindung zu Ihrem Körper, Ihrer Energie, Ihrer Gesundheit und Ihrer natürlichen Heilkraft, die Ihnen von Gottes Gnaden zusteht, zu unterbrechen. Aber noch wichtiger ist, dass Sie Folgendes verstehen werden:

> „Sowohl Glaube als auch Angst erfordern den Glauben an etwas, das wir nicht sehen können."

Phase 2: Die unter der Erde begrabenen Wahrheiten... und unter Jahrhunderten

Im zweiten Teil gehen wir tiefer. Wir steigen hinab zu den Grundlagen dieser Realität:

- Was ist mit den Riesen geschehen?

- Warum hat man uns nichts über frühere Zivilisationen erzählt?
- Wer hat uns genetisch entworfen?
- Warum werden so viele Beweise verschwiegen oder lächerlich gemacht?

Ich warne Sie: Diese Phase ist nicht angenehm und erhebt keinen Anspruch auf Rationalität. Aber wer es wagt, sie mit offenem Herzen zu durchlaufen, gelangt zu einer Erinnerung, die älter ist als jede offizielle Geschichte: der Erinnerung an seinen wahren Ursprung... und damit an seine eigene **Großartigkeit**.

TEIL 1: ES IST ZEIT ZU ERWACHEN

Nachdem wir die Grundlagen Ihres Seins festgelegt haben, werden wir die Matrix aus einer eher okkulten Perspektive verstehen lernen. Ich werde Ihnen einen Großteil dessen zeigen, was hinter dieser Welt steckt, damit Sie beginnen zu verstehen, dass es Dinge gibt, die Sie nicht wussten... und die Sie nie ganz wissen werden. Das wird nicht nur Ihren Geist erweitern, sondern auch neue Möglichkeiten in Ihrer eigenen Existenz erschließen.

Wenn Sie denken, dass Dunkelheit herrscht, sind Sie der Einzige, der die Lampe anzünden und Licht bringen kann. Die Matrix ist nicht etwas, dem Sie genau genommen entkommen können, aber es ist etwas, das Sie nutzen können, damit sich Ihre Seele weiterentwickelt, während Sie auf der aktiven Seite der Unendlichkeit spielen, wie Sie es bereits gelernt haben.

> „Um die ganze Wahrheit zu sehen, muss man manchmal die Zelle betreten, in die man sich selbst eingeschlossen hat. Nicht, um dort zu bleiben, sondern um die Ketten, die einen an Schmerz, Angst oder Lüge binden, klar zu sehen. Dieser Abschnitt soll Ihnen keine Angst machen, sondern Ihnen helfen, sich dem zu stellen, was Sie gefangen hält ... und Sie daran erinnern, dass Sie den Schlüssel immer in Ihrer Hand hatten."

DIE KONTROLLE DER MENSCHHEIT

Auch heute noch ist das Fernsehen der wichtigste Kanal, über den Nachrichten verbreitet und Dramen ausgestrahlt werden. Aber dieser „Informationsvirus" hat sich auch auf die sozialen Netzwerke ausgebreitet. Wo auch immer Sie sind, was auch immer Sie tun, Sie werden unweigerlich auf tragische Nachrichten stoßen, die Sie dazu verleiten, sich der kollektiven Angst anzuschließen.

Was auch immer draußen geschieht, eines sollten **Sie** niemals vergessen: **Sie selbst erschaffen alles, was geschieht.** Jede Nachricht, die Sie in eine niedrigere Schwingung versetzt, erscheint nicht zufällig: Sie erscheint, weil Sie bereits auf dieser Frequenz waren. Wenn Sie sich darauf eingestellt haben, dann deshalb, weil Sie es bereits in sich trugen.

Im Großen und Ganzen müssen **Sie** sich Folgendes merken: **Sie sind eine energetische Antenne, die mit dem Quantenfeld verbunden ist.**

> *„Wenn jeder verstehen würde, dass sein Körper eine Antenne ist, die sich direkt auf die unendliche Quelle einstimmen kann, gäbe es nie wieder Angst, Krankheit oder Unglück in den Herzen der Menschen."*

Wenn ich von „Viren" spreche, meine ich damit die mächtigste Waffe, die die Elite einsetzt, um die Menschheit zu manipulieren: **die Angst**. Durch Angst, Unsicherheit und Wiederholung pflanzen sie Sätze wie „Die Welt ist im Chaos", „Wir werden alle sterben", „Ein neuer Krieg kommt" in das kollektive Bewusstsein. Und das nicht nur bei Großereignissen. Selbst in „ruhigen" Zeiten geht die Programmierung weiter: Diebstähle, Morde, Krankheiten, Inflation, Unfälle. Die Angst ruht nie.

Und das Kontrollspiel endet damit nicht. In den letzten Jahren haben wir gesehen, wie mit einem einzigen Klick Millionen von Menschen alles verlieren können. Ist es ein Zufall, dass im März 2025 in Europa die Vorbereitung von Notfall-Überlebenssets – mit Lebensmitteln, Wasser, Taschenlampen und Radios – gefordert wurde und dass nur wenige Wochen später ein massiver Stromausfall Millionen von Menschen in Spanien und Portugal für mehr als 10 Stunden ohne Strom ließ? Das ist keine

Paranoia. Es ist strategische Planung, um die menschliche Reaktion auf einen induzierten Zusammenbruch zu messen.

Und es ist nicht das erste Mal.

Erinnern Sie sich an den Ausbruch der Schweinegrippe im Jahr 2009? An SARS im Jahr 2003? An Ebola? An AIDS in den 80er Jahren? Immer das gleiche Muster: **Massenpanik + Medienkampagne + aufgezwungene Lösung** (Impfstoffe, Medikamente, Einschränkungen). Und dahinter steckt immer dieselbe versteckte Botschaft: *„Sie haben keine Macht über Ihren Körper und Ihr Leben; Sie brauchen uns, um Sie zu retten".*

Die Wahrheit erinnert Sie daran, dass genau das Gegenteil der Fall ist: **Sie haben sehr wohl Macht!** Sie hatten sie schon immer, weil Sie Teil der Quelle sind. Sie können diese Macht zurückgewinnen, indem Sie Verantwortung für Ihre Gedanken übernehmen.

Sie waren nie wirklich in Gefahr. Das Einzige, was Ihren Körper immer wieder krank gemacht hat, ist der Glaube, dass Sie krank werden könnten. Das Einzige, was diese dramatischen Situationen angezogen hat, war Ihre Frequenz. Nichts anderes.

Es geht nicht um Schuld. Niemand ist für irgendetwas schuld.

Sie und ich sind nicht verantwortlich für das, was in den Nachrichten berichtet wird. Aber wir sind zu 100 % verantwortlich für das, was wir konsumieren, glauben und akzeptieren.

Warum glauben Sie, dass nur Todesfälle, Katastrophen, Kriege, Diebstähle und Pandemien gezeigt werden? Weil das das ist, was die Menschen am eifrigsten konsumieren. **Angst macht süchtig**. Das Gefühl, „informiert" zu sein, schafft die Illusion von Kontrolle. Aber das Einzige, was Sie kontrollieren, ist Ihre Häufigkeit… und damit Ihr Leben.

Wenn Ihnen das noch seltsam vorkommt, probieren Sie die folgende Übung aus: Suchen Sie auf YouTube, TikTok oder Instagram nach *„alarmierende Nachrichten von heute"*. Sehen Sie sich mindestens 5 Minuten lang diese Informationen an. Schreiben Sie anschließend in Ihren eigenen Worten auf, wie Sie sich dabei gefühlt haben.

Geben Sie dann in die Suchmaschine *„lustige Tiere"* ein und schauen Sie sich diese Videos 5 Minuten lang an. Schreiben Sie anschließend erneut auf, wie Sie sich jetzt fühlen.

Manche überspringen diese Übung vielleicht, weil sie glauben, dass das Ergebnis zu offensichtlich ist. Paradoxerweise sind es aber gerade sie, die sie am dringendsten brauchen.

Die Wahrheit ist, dass wir stark von allem beeinflusst werden, was uns umgibt. Wenn Sie sich nicht voll und ganz bewusst machen, dass das, was Sie sehen und hören, einen direkten Einfluss auf Ihr Energiefeld hat, werden Sie weiterhin schlafen, sich ablenken lassen und sich von der einzigen Wahrheit entfernen.

In unserer globalisierten Welt reicht ein Anruf, ein Tweet, ein Klick ... und Millionen von Menschen geraten gleichzeitig in Panik. Warum ist das so? Wir haben es bereits gesagt: wegen der Kontrolle. Aber warum funktioniert das? Weil Sie Ihre wahre innere Kraft noch nicht angenommen haben.

Seien Sie nicht beunruhigt. Das ist keine Beschwerde und kein Ventil, sondern eine Tatsache. Sie haben das Recht, alles in Frage zu stellen, auch dies. Aber betrachten Sie es als einen Schlüssel, der Ihnen die Tür zur Wahrheit öffnet. Sie haben noch nichts gesehen. Wir haben gerade erst angefangen. Schnallen Sie sich an, denn die nächsten Seiten könnten ein Erdbeben in Ihrem Bewusstsein auslösen.

Wie ein beliebtes Sprichwort sagt: **„Wer die Medien kontrolliert, kontrolliert die Gedanken."** Aber ich sage Ihnen etwas noch Stärkeres: „Wer seinen Geist beherrscht, kann von niemandem kontrolliert werden."

„Das Einzige, was einen Menschen krank macht, ist sein Glaube, dass er krank werden kann."

Nehmen Sie diesen Satz auch nicht als absolute Wahrheit hin. Beobachten Sie ihn. Hinterfragen Sie ihn. Fragen Sie sich: **Was wäre, wenn Sie nie krank gewesen wären, sondern einfach nur von Ihrer Wahrheit abgekoppelt?**

Wenn Sie Tag und Nacht hören würden, dass Tausende von Menschen sterben, hätten Sie dann keine Angst? Ich hätte sie auch. Aber diese Angst schützt nicht, sie vergiftet. Denn Angst ist die stillste und tödlichste Krankheit, die es gibt.

Deshalb wiederhole ich: **Der wahre Virus ist die Angst. Und das wahre Heilmittel ... sind Sie selbst.**

SO VERDIENEN „SIE" IHR GELD

Es war 2019 und ich lebte im Haus meiner Eltern. Ich hatte gerade meinen Job gekündigt, bei dem ich von 9 bis 18 Uhr gearbeitet hatte, um mich dem „Online-Unternehmertum" zu widmen. Mein Unternehmen bestand damals darin, die Finanzmärkte zu analysieren und mit dem Kauf und Verkauf von Devisen zu spekulieren, um mit den Transaktionen Geld zu verdienen, was im Internet allgemein als „Trading" bekannt ist. Obwohl es mir nicht gut ging, war ich sehr gut über die Weltnachrichten informiert, da diese einen Markt am stärksten beeinflussen, der nichts anderes als reine kollektive Emotionalität ist.

Nachrichten zu konsumieren und über die Geschehnisse in der Finanzwelt auf dem Laufenden zu bleiben, gehörte zu meiner täglichen Routine.

Ich habe jahrelang aus erster Hand gesehen, wie sehr die Wirtschaft von innen heraus manipuliert wird. Wie immer wieder die Preise des Dollars und anderer Währungen mit falschen oder verzögerten Nachrichten manipuliert werden, um mehr Geld anzuhäufen und es den großen Unternehmen zu ermöglichen, immer reicher zu werden.

Damals hieß es ständig, dass die Märkte ihren Höchststand nicht halten könnten, dass alles, was steigt, auch wieder fallen muss und dass jederzeit etwas passieren würde.

Aber natürlich fällt nichts „einfach so". Es braucht immer einen externen Auslöser, eine globale Katastrophe, die einen abrupten Abwärtstrend rechtfertigt. Und COVID war das perfekte Werkzeug dafür.

> *„Wenn sich Angst verbreitet, wird der Reichtum neu verteilt. Und zwar immer in die gleichen Taschen."*

Die Realität ist, dass das Geld den Wachsamen folgt. Geld wird von Verantwortung angezogen, nicht von Ausreden. Warum? Weil alles Energie ist. Über das Papier oder die Bits hinaus entspricht das, was wir in unserem Leben haben oder nicht haben, direkt unserer Schwingung.

Oder glauben Sie immer noch, dass Millionen von Dollar auf Ihren Kopf fallen werden, während Sie weiterhin der Meinung sind, dass es nicht ganz ethisch ist, reich zu sein?

Wir messen der Tatsache, dass Geld der Treibstoff der pragmatischen Ebene ist, oft zu wenig Bedeutung bei. Alles endet auf die eine oder andere Weise mit politischen oder religiösen Zielen – den beiden Entitäten mit den meisten Anhängern in der Geschichte der Menschheit.

Das ist es, was hinter einem einfachen Virus steckt: Angst. Und Angst als Manipulationswaffe einzusetzen, ist auch nichts Neues. Die Kirche tat dies von Anfang an, indem sie die Idee der Todsünden einführte, die direkt in die Hölle führen.

Unser Verstand ist unbewusst darauf programmiert, Schmerz zu vermeiden. Deshalb handeln wir oft eher aus Angst als aus Liebe. Wenn man draußen nur Ansteckungen und Todesfälle sieht, beginnt die Angst zu wachsen, bis man ohne zu zweifeln glaubt, dass all das real ist. Das Gleiche gilt für jede Krise: Wenn Sie jeden Tag hören, dass der Markt einbricht oder dass kein Geld da ist, wiederholen Sie das irgendwann innerlich und äußerlich, und wissen Sie was? Genau das erleben Sie dann auch.

> *„Wohin Sie Ihre Aufmerksamkeit richten, dorthin fließt Ihre Energie. Und wohin Sie Ihre Energie fließen lassen, dort dehnt sich das aus, was Sie beobachten."*

Vielleicht fragen Sie sich nun: Sollte ich das, was in der Welt geschieht, komplett ignorieren?

Die Antwort lautet: nicht unbedingt. Innerhalb dieser Welt gibt es mehrere Welten. Ihr Geist ist einer, genau wie der Ihres Nachbarn, Ihres Partners oder Ihrer Eltern. Jeder Mensch lebt in seiner eigenen Realität und schafft und trägt von dort aus zur kollektiven Realität bei.

Es geht also nicht darum, andere zu ignorieren, sondern sich seiner selbst bewusst zu werden und zu entscheiden, von wo aus man gestalten und interagieren möchte.

Wenn Sie in Mangel schwingen, wird Mangel entstehen. Eine Person, die ein Unternehmen gegründet hat, musste in Fülle denken, um ein Produkt oder eine Dienstleistung zu schaffen und es der Welt anzubieten. Andernfalls würde nichts von dem, was wir heute kennen, existieren. Viele sind verwirrt und glauben, dass das äußere System geändert werden muss. Das ist die Falle des Mystizismus: weiterhin mit dem Finger auf andere zu zeigen – auf die Regierung, die Politik, die Religion, die Elite, die Illuminati, die Freimaurer, die Unternehmen, sogar auf andere Unternehmer. Das ist die unterste Stufe der Schwingungsskala, denn das Einzige, was damit der Welt vermittelt wird, ist: *„Seht her, ich bin ein Opfer. Ich gebe euch meine ganze Macht. Ich will für nichts verantwortlich sein."*

Wie lässt sich das auf eine Pandemie oder eine beliebige Situation in der Welt anwenden?

Ich gebe Ihnen ein einfaches Beispiel, das Sie auch in Ihrem Alltag anwenden können. Wir alle haben aus freiem Willen vier Möglichkeiten, zu handeln. Nehmen wir den Fall der Impfstoffe, die vielerorts Voraussetzung für die Arbeit oder die Erledigung von Behördengängen waren.

DIE 4 MÖGLICHKEITEN DER WAHL: ANGST ODER LIEBE

1. Direkte Angst.

Stellen Sie sich vor, die Regierung sagt, Sie müssen sich impfen lassen, um weiter arbeiten zu können oder sicher zu sein. Sie wollen das nicht, Sie spüren es in Ihrem Körper... aber Sie stimmen trotzdem zu, mit Wut, mit Ablehnung, mit einer inneren Stimme, die schreit: *„Das ist nicht richtig, aber ich habe keine Wahl."* Sie lassen sich impfen. Und Sie tun es aus Angst. Wie jede Entscheidung, die aus einer Trennung entsteht, bringt Ihnen das mehr Leid als Erleichterung.

2. Verdeckte Angst.

Stellen Sie sich nun vor, Sie sagen angesichts derselben Anweisung: *„Ich lasse mich nicht impfen, auch wenn man mich entlässt, auch wenn ich mich anstecke."* Das klingt mutig, aber wenn Sie ehrlich sind, werden Sie feststellen, dass die Wurzel immer noch Angst ist: Angst vor dem System, vor Krankheit, vor Nachgeben. Die Haltung ist kämpferisch, defensiv. Und was auf Angst folgt, auch wenn sie sich als Mut tarnt, ist immer Spannung und Konflikt.

3. Gegenwärtige Liebe.

Stellen Sie sich vor, Sie entscheiden sich für die Impfung. Aber diesmal nicht aus Pflichtgefühl, sondern aus Bewusstsein heraus. Atmen Sie. Beobachten Sie. Entscheiden Sie sich. Bevor Sie die Impfung erhalten, segnen Sie den Moment, Ihren Körper, die Person, die sie Ihnen verabreicht, und sogar den Inhalt der Impfung. Nicht weil Sie blind vertrauen, sondern weil Sie auf Ihre Kraft vertrauen, jede Erfahrung aus der Liebe heraus zu transformieren. Sie werden nicht durch die Impfung geheilt, sondern weil Sie bereits gesund waren, als Sie sich für Gott entschieden haben.

4. Feste Liebe.

Stellen Sie sich vor, Sie entscheiden sich gegen die Impfung. Nicht aus Rebellion, sondern als Ausdruck Ihrer inneren Wahrheit. Sie sind dankbar, dass Sie wählen können. Sie verurteilen niemanden. Sie machen sich nicht zum Opfer. Sie wissen, dass es Konsequenzen geben kann, aber Sie leben nicht mehr, um diese zu vermeiden, sondern um sich selbst zu ehren. Die Entscheidung entsteht aus dem Frieden heraus. Und dieser Frieden, der nicht davon abhängt, was draußen geschieht, ist Ihre stärkste Medizin.

Haben Sie es bemerkt? Aus Angst zu handeln, erzeugt nur noch mehr Angst. Aus Liebe zu handeln, erzeugt mehr Liebe.

„Eine Entscheidung, die aus einem erhöhten Bewusstsein heraus getroffen wird, heilt mehr als jede injizierte Substanz."

Menschen machen sich oft zu viele Komplikationen, nur weil sie sich nicht entscheiden können. Die Entscheidung, die mit voller Präsenz getroffen wird, ist das, was heilt. Der Zweifel ist das, was tötet.

Deshalb hängt Heilung immer direkt davon ab, wie sehr sich eine Person dazu verpflichtet, auf ihre Gefühle zu hören, wie viel Verantwortung sie für diese Gefühle übernimmt und wie sehr es ihr gelingt, dieses Gefühl der Angst in ein Gefühl der

Liebe umzuwandeln. Es geht nicht um besser oder schlechter: Es geht um Absicht, um Bewusstsein, um innere Verantwortung.

Die Vorgehensweise, die ich Ihnen hier vorstelle, können Sie überall und jederzeit anwenden. In Ihrem Alltag werden Sie sicherlich mit Ereignissen konfrontiert, die Ihnen nicht gefallen, mit unangenehmen Gesprächen oder herausfordernden Situationen. Wenn Sie sich daran erinnern, dass Sie immer die Wahl haben – bleiben oder gehen, sprechen oder schweigen, handeln oder abwarten – und dies in Frieden tun, wird Ihr ganzes Leben von Frieden durchdrungen sein.

Das meine ich, wenn ich sage: „Die innere Welt erschafft die äußere Welt". Wir können nicht kontrollieren, was draußen passiert, aber wir können unsere Einstellung kontrollieren.

> *„Wenn die Pläne der Elite auf Angst basieren und Sie es schaffen, Liebe zu empfinden, haben Sie das Spiel bereits vollständig gewonnen."*

Hier liegt der Schlüssel: Was auch immer Sie tun, es wird immer schwierig sein. Es ist schwierig, übergewichtig zu sein, genauso wie es schwierig ist, jeden Tag zu trainieren und auf Dinge zu verzichten, die Ihnen zuvor Freude bereitet haben. Es ist schwierig, einen Job zu haben, der Ihnen keinen Spaß macht, genauso wie es schwierig ist, ein Unternehmen zu gründen, ohne zu wissen, ob es funktionieren wird. Der Unterschied liegt in der Entscheidung. Wenn ich sage „es ist immer schwierig", müssen wir uns fragen: Für wen ist es immer schwierig?

Für das Ego ist es immer schwierig, weil das Ego sich nicht entscheidet. Und da es passiv darauf wartet, dass sich die Dinge ändern, beginnt seine schöpferische Energie zu stagnieren. Es kommt zu Essanfällen, Ablenkungen, Drogen usw.

Denn solange es nicht entscheidet, was es will, erscheint alles wie eine Last. Aber wenn es bestimmt, was es will, und sich dafür einsetzt, genießt es es, auch wenn es Anstrengung erfordert. Das Einzige, was es zermürbt, ist, sich ziellos zu fühlen und sich mit dem zufrieden zu geben, was „ihm zusteht". Was Leben schenkt, erfordert Bewegung, denn absolut alles in dieser Matrix ist Energie.

Und als energetische Wesen sollten wir diese Kraft in die Tat umsetzen, um das Spiel so zu spielen, wie wir es wirklich verdienen.

UNBEGRENZTE WESEN, DIE EINE BEGRENZTE ERFAHRUNG SPIELEN

Angesichts all dessen, was wir bisher erforscht haben, erscheint es logisch, dass das Hauptinteresse derjenigen, die das System kontrollieren, darin besteht, zu verhindern, dass wir erwachen, dass wir selbstständig denken, dass wir nach innen schauen. Sie wissen, dass wir zutiefst beeinflussbar sind... und haben dies seit Jahrhunderten zu ihrem Vorteil genutzt.

Aber ich möchte Sie zu etwas einladen: Hören Sie auf zu denken, dass „sie" böse Wesen sind. Das ist eine rein religiöse Erzählung, die uns gelehrt hat, zu glauben, dass das Böse außerhalb von uns liegt, genau wie die Erlösung. Die Elite sind schließlich Menschen wie Sie und ich. Wenn sie Reptiloiden oder einer anderen außerirdischen Rasse angehören würden... wäre das wirklich wichtig?

Ich habe früher ständig über diese Dinge nachgedacht. Ich habe mir tausend Fragen gestellt. Und jede Antwort führte zu weiteren Fragen. Bis ich mir eines Tages die eigentliche Frage stellte: *Ist es wirklich wichtig, das zu wissen, was ich wissen will?*

Mit der Zeit habe ich verstanden, wie wichtig es ist, mein Leben zu vereinfachen. Und damit meine ich nicht, dass ich mich auf einen Berggipfel zurückziehen und 24 Stunden am Tag meditieren soll, sondern dass ich mich fragen muss: Wie möchte ich leben? Was will ich wirklich? Das ist die wesentliche Frage, die für mich einen neuen Weg zum Verständnis dieser „Matrix" meines Lebens aufgezeigt hat.

Deshalb versucht dieses Werk nicht, Sie aus Wut heraus zu stärken, sondern aus Verantwortung. Aus dem einzigen Ort heraus, an dem Sie Ihre absolute Macht nutzen können: der Entscheidung. Zu entscheiden, was Sie wollen, ist Ihr größtes Geschenk.

> *„Wenn die Welt sich gegen Sie verschwört, bedeutet Ihre Entscheidung, sich für Ihre Wahrheit zu „verschwören", nicht, sich ihr zu widersetzen, sondern sie irrelevant zu machen. Man bekämpft die Dunkelheit nicht, indem man gegen sie kämpft, sondern indem man eine Lampe anzündet. Erwachen ist kein „ s Reagieren: Es ist das Erinnern daran, wer man jenseits der Rolle ist."*

Und lassen Sie mich Ihnen etwas sagen, das Sie vielleicht schon ahnen. Als Nikola Tesla sagte: „Um das Universum zu verstehen, müssen wir in Begriffen wie Energie, Frequenz und Schwingung denken", sagte er das nicht, um geheimnisvoll zu klingen. Er sagte es, weil es wahr ist. Alles, was existiert, schwingt. Alles, was schwingt, sendet eine Frequenz aus. Und jede Frequenz ist ein Ausdruck von Energie.

Diese Energie steckt in Ihnen: in Ihrer Stimme, in Ihren Gedanken, in Ihren Worten, in Ihrem Umfeld. Und irgendwann hat jemand entdeckt, dass es möglich ist, innere Zustände des Menschen durch präzise Kombinationen von Energie, Frequenz und Schwingung zu aktivieren. Ich sage Ihnen das nicht, um Sie zu überraschen, sondern um Ihnen etwas Wesentliches zu zeigen:

Das ist keine Mystik. Es ist praktisch. Es ist keine Science-Fiction. Es ist Realität. Man hat es „Geheimnis" genannt, weil es zu mächtig ist, aber in Wahrheit ist es kein Geheimnis: Es ist das Realste, was es gibt, und es steht uns allen jederzeit zur Verfügung.

Sie sind von Natur aus ein unbegrenztes Wesen. Das waren Sie schon immer. Das Einzige, was sich ändert, ist, ob Sie sich entscheiden, diese Natur zu nutzen oder nicht. Letztendlich ist dieses Buch eine Erinnerung an diese Wahrheit. Denn die Wahrheit ist nichts, was man findet: Sie ist ein Zustand des Seins, den man wählt. Ein Zustand, der erwacht, wenn Sie sich daran erinnern, ihn integrieren und jeden Tag verkörpern.

Es ist nicht leicht, anders zu denken, genauso wenig wie es leicht ist, mit mittelmäßigen Gedanken und begrenzenden Überzeugungen weiterzumachen.

> *„Die ärmsten Menschen auf dem Planeten sind nicht diejenigen, die kein Geld auf ihrem Konto haben, sondern die Mittelmäßigen: weil sie halb glauben, dass sie es schaffen können, und es deshalb nicht schaffen."*

Und nun möchte ich Ihnen einen Mann vorstellen, der diesen berühmten Satz von Tesla – den wir so oft in den sozialen Netzwerken hören – in die Praxis umgesetzt hat:

DER MANN, DER 16 KREBSPATIENTEN MIT FREQUENZ UND SCHWINGUNGEN HEILTE

Was ist das Wesen der Realität?

Die Antwort auf diese Frage wird von den meisten Menschen ignoriert, nicht jedoch von vielen Wissenschaftlern, die verstanden und bewiesen haben, dass alles aus Energie besteht. Und dass wir durch die Manipulation dieser subtilen Energiekräfte uns selbst und auch alles um uns herum verändern können.

Hinter dieser Vision stand ein Mann, der diese Kräfte der Natur nutzen wollte, um Krankheiten zu heilen und die Gesundheit und Langlebigkeit der Menschheit auf ein völlig neues Niveau zu heben. Dieser Mann war **Royal Rife**, ein Wissenschaftler, der nicht nur das fortschrittlichste Mikroskop seiner Zeit baute – mit dem lebende Viren und Bakterien beobachtet werden konnten –, sondern auch 16 Krebspatienten in nur wenigen Monaten mit Hilfe der Kraft von **Frequenzen** und **Schwingungen** heilte.

Seine Entdeckung hatte eine solche Wirkung, dass sich 1931 eine Gruppe von 44 Wissenschaftlern zu einer revolutionären Veranstaltung namens **„Das Ende der Krankheiten"** versammelte, überzeugt davon, dass Rifes Entdeckung die Behandlung jeder Krankheit mit einem einfachen frequenzbasierten Gerät ermöglichen würde.

Rife entdeckte, dass jedes Virus und jedes Bakterium in einer bestimmten Frequenz schwingt, für die es anfällig ist. Er nannte dies **„die tödliche Schwingungsfrequenz"**, ein Begriff, der noch heute verwendet wird. Zuerst testete er dies an Ratten und schaffte es, bestimmte Bakterien, Viren und Tumore durch elektromagnetische Frequenzen zu eliminieren. Dann wandte er es bei Menschen an... und war erneut erfolgreich.

Nach seinen Ergebnissen erklärte Rife Folgendes:

„Bei der Behandlung mit Frequenzgeräten wird kein Gewebe zerstört, es sind keine Schmerzen zu spüren, es ist kein Geräusch zu hören und es ist kein Gefühl zu spüren. Ein Rohr wird eingeschaltet

und drei Minuten später ist die Behandlung abgeschlossen. Das Virus oder Bakterium wird zerstört und der Körper erholt sich auf natürliche Weise von der toxischen Wirkung. Mehrere Krankheiten können gleichzeitig behandelt werden."

Wenn dies nun schon vor fast 100 Jahren geschah, warum geben wir dann immer noch mehr als 185 Milliarden Dollar pro Jahr für Krebsbehandlungen aus? Warum erkrankt jeder dritte Mann und jede zweite Frau daran?

Was wäre, wenn die Krankheit ein Geschäft wäre ... und die Heilung eine Revolution?

Es war nicht alles ein Märchen. Nach der Gründung seines Unternehmens wurde Rife 1937 von **Morris Fishbein**, dem Direktor der American Medical Association, unter Druck gesetzt, der versuchte, die Exklusivrechte an seiner Technologie zu erwerben. Rife lehnte ab. Aber Fishbein, der dafür bekannt war, Erfindungen zu verhindern, die das von Familien wie den Rockefellers unterstützte Pharmamonopol bedrohten, gab nicht auf.

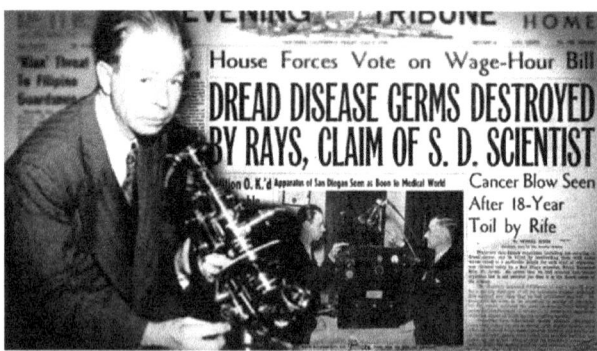

Es heißt, er habe einen Ingenieur aus Rifes eigenem Team finanziert, um eine Klage gegen ihn anzustrengen. Obwohl Rife den Prozess gewann, führten die Rechtskosten zu seiner Insolvenz. Sein Labor wurde zerstört, die Polizei beschlagnahmte seine Forschungsergebnisse und er verfiel dem Alkoholismus. Diese bahnbrechende Erfindung, die die Geschichte der Medizin hätte verändern können, wurde fast vollständig ausgelöscht.

Heute wird Krebs weiterhin mit Chemotherapie behandelt, einer extrem teuren Methode, die in vielen Fällen dem Körper mehr schadet als nützt. Tausende sterben nicht nur an der Krankheit, sondern auch an den Folgen der Behandlungen. Und dennoch glauben wir weiterhin, dass es das Ziel dieser Industrie ist, uns zu retten.

Über die Maschinen hinaus gibt es etwas Wesentliches zu verstehen: **Die Frequenz, die krank macht, kann aus der Umgebung stammen, aber die Schwingung, die heilt, entsteht aus innerer Kohärenz.** Sie steckt nicht in einer Pille oder einem Gerät. Sie steckt in Ihrer täglichen Entscheidung, Ihre Gedanken, Emotionen und Ihre Umgebung zum Positiven zu erheben. Heilung ist kein Kampf gegen das Äußere: Es ist ein Akt der Wiederverbindung mit dem, was bereits ist, Energie im Einklang mit dem Leben.

Eine schwache Menschheit ist kein Zufall. Sie ist ein Entwurf.

Wie George Orwell sagte:

„Die Massen rebellieren niemals aus eigenem Antrieb, und sie rebellieren niemals nur deshalb, weil sie unterdrückt werden. Solange man ihnen keine Vergleichsmaßstäbe zugesteht, werden sie gar nicht merken, dass sie unterdrückt werden."

Und das ist das eigentliche Problem: nicht die Kontrolle... sondern nicht zu wissen, dass man kontrolliert wird. Wie kommen wir aus dieser kollektiven Hypnose heraus? Indem wir die Erinnerung aktivieren.

Diese Erinnerung beginnt damit, dass wir erkennen, welche Frequenzen wir täglich konsumieren und sogar, welche Frequenzen wir aussenden. Denn wenn alles Schwingung ist, dann ist alles, was in Ihren Geist gelangt, auch Teil Ihrer Ernährung, und was herauskommt (was Sie sehen und erleben), ist genau die Wirkung dieser Ernährung.

„An ihren Früchten werdet ihr sie erkennen." *(Matthäus 7:16)*

Wollen Sie heilen? Begeben Sie sich in eine Umgebung, in der Heilung unvermeidlich ist. Wollen Sie Erfolg haben? Umgeben Sie sich mit Erfolg. Wollen Sie mit Freude leben? Begeben Sie sich an Orte, an denen Freude keine Ausnahme, sondern die Regel ist.

Erinnern Sie sich an das, was wir in Kapitel 1 gesehen haben: Jede Emotion hat eine Frequenz. Nach Hawkins' Karte schwingt Angst niedrig (unter 100), Akzeptanz beginnt zu heilen (350) und Liebe beginnt zu transformieren (500+).

Sie brauchen keine exakte Wissenschaft: Beobachten Sie einfach, wie sich Ihr Körper angesichts dessen, was Sie konsumieren, anfühlt. Das ist Beweis genug.

Seit mehr als fünf Jahren konsumiere ich keine Nachrichten mehr und höre keine Musik mit niedriger Schwingung. Was ist „niedrige Schwingung"? Alles, was Schuld, Angst, Hass oder Opferhaltung verstärkt. Seit ich diese Umgebungen verlassen habe, brauche ich keine Krankenhäuser und Medikamente mehr.

Natürlich haben wir, auch wenn unser Bewusstsein wächst, weiterhin einen Körper und Lektionen zu lernen. Ich habe Fieber und Unwohlsein erlebt, aber jetzt verstehe ich, dass Krankheiten keine Feinde sind, sondern Boten: Sie zeigen mir

, was ich nicht gesehen hatte und was wichtig war, um mich weiterzuentwickeln.

Die Widrigkeiten verschwinden nicht. Was sich ändert, ist, von wo aus man sie durchlebt. Ich suche die Lösung nicht mehr im Problem. Heute habe ich einen klaren Geist, einen reinen Körper und daher klare Ideen, um einen Kontext zu schaffen, in dem Heilung von selbst geschieht, da ich nicht mehr an Krankheit denke.

Ich habe hochfrequente Klänge in meinen Alltag integriert: Solfeggio-Musik, tibetische Klangschalen, Heilmusik, Oper, sakrale Musik. Alles, was Ihre Umgebung harmonisiert, harmonisiert auch Ihr Inneres. Warum? Weil Ihre Zellen im Einklang mit dem Kontext schwingen, den Sie ihnen geben.

Es ist nicht so, dass Sie allein durch das Hören eines Liedes geheilt werden. Sie werden geheilt, weil Sie aufhören, sich dem Leben zu widersetzen, und dieser Klang wird zu einem Kanal der Hingabe. Das Gleiche geschieht, wenn Sie Instrumente einbeziehen, kreativ sind, schreiben, kochen, segnen, tanzen, lachen, sich bewusst bewegen oder einfach nur spazieren gehen, frische Luft atmen und die Sonnenstrahlen auf Ihrem Gesicht spüren. All das erhöht Ihre Frequenz, und je höher Sie schwingen, desto näher sind Sie Gott. Und dann ... treten weniger Krankheiten auf. Oder würde Gott etwa krank werden?

Viele Menschen wenden sich an mich, weil sie bestimmte Krankheiten heilen wollen. Und ich sage ihnen: *Heilen Sie nicht. Leben Sie so, wie Gott leben würde.* Und wenn Sie voll und ganz leben, erledigt der Körper den Rest.

„Heilen bedeutet nicht, zu reparieren, was kaputt ist. Es bedeutet zu erkennen, dass es nie kaputt war. Es hat nur eine Erfahrung aus Angst heraus interpretiert."

Krankheit ist keine Strafe. Sie ist eine Chance. Der Körper kann nicht von selbst krank werden. Der Geist kann nicht von selbst krank werden. Der Geist kann niemals krank werden.

Wer ist also wirklich krank? Nur derjenige, der vergisst, dass er bereits gesund ist.

Biologisch gesehen strebt der Körper immer nach Gleichgewicht. Die vermeintliche „Krankheit" ist nur ein Prozess der inneren Regulierung. Aber wenn Sie sich weigern zu fühlen, muss der Körper das herausschreien, was Ihr Geist verschwiegen hat. Der Körper schreit nicht, weil er beschädigt ist: Er schreit, weil Sie gegenüber Ihrem Herzen taub waren.

Jede körperliche Erkrankung ist eine nicht gelebte Emotion. Nicht zu fühlen macht krank. Zu fühlen befreit. Die Heilung beginnt, wenn Sie sich dem stellen, was Sie bisher vermieden haben anzuschauen. Und die Energie beginnt zu fließen, wenn Sie sich entscheiden, das zu fühlen, was Sie zuvor abgelehnt haben.

Wenn Sie einen körperlichen oder geistigen Prozess durchlaufen oder wenn jemand in Ihrer Nähe dies durchlebt, können Sie dieses Mantra praktizieren:

> *„Ich löse alle Denkmuster auf, die mit dem Konflikt von (nennen Sie das körperliche Symptom) zusammenhängen. Ich entscheide mich, dieses Gefühl ohne Widerstand zu erleben. Ich entscheide mich, diese Energie loszulassen. Ich entscheide mich, dadurch die Liebe zu bekräftigen. Ich bin ein unendliches Wesen. Und ich bin nicht daran gebunden."*

Dieses Mantra ist kein Zauberspruch. Es ist eine Erlaubnis. Eine Erlaubnis, zu fühlen. Und durch das Fühlen sich zu befreien.

Ich habe sehr schwere körperliche Prozesse innerhalb von Stunden oder Tagen geheilt, indem ich mich nur daran erinnert habe: Die Zeit heilt nicht. Was heilt, ist die Häufigkeit, mit der Sie sich entscheiden, das zu leben, was Sie fühlen. Und das hängt von niemandem sonst ab. Nur von Ihnen.

Im nächsten Abschnitt werde ich Ihnen zeigen, dass der Verstand die mächtigste Waffe ist, die Sie haben, und wie er seit Jahrzehnten gegen Sie eingesetzt wird. Nicht, damit Sie das System hassen, sondern damit Sie das Spiel verstehen ... und beginnen, es mit offenen Augen zu spielen.

ES IST NICHT DIE PILLE, DIE SIE HEILT, ES IST IHRE WAHRNEHMUNG

Haben Sie jemals etwas gesagt wie: „Ich nehme das, weil es mir gut tut" oder „Immer wenn ich das mache, fühle ich mich besser"? Das war nichts anderes als die Reaktion Ihres eigenen Körpers auf eine Suggestion: Sie haben sich darauf konditioniert, auf eine bestimmte Weise zu reagieren, wenn Sie eine bestimmte Handlung ausführen. Das ähnelt sehr dem Placebo-Effekt: Ihre Worte und Gedanken beeinflussen die Wirkung, die eine Substanz oder Handlung auf Sie haben kann.

Der Placebo-Effekt ist eines dieser faszinierenden Geheimnisse, die wir alle erleben und nutzen, ohne es zu wissen. Und wenn Sie verstehen würden, dass die Kraft, die Sie in einer Pille suchen, schon immer in Ihrer Wahrnehmung dieser Pille lag... wie würde sich dann Ihre Art zu heilen verändern?

Um es kurz zu erklären: Wenn Sie zum Arzt gehen und Ihnen gesagt wird, dass ein bestimmtes Medikament gegen Ihre Beschwerden wirkt, glauben Sie das. Warum sollten Sie daran zweifeln? Da steht jemand in einem weißen Kittel, mit einem Stethoskop um den Hals, an einem Ort, an den alle Menschen gehen, um dasselbe zu bekommen wie Sie.

Wenn Sie darüber nachdenken, werden die prägenden Faktoren deutlich:

- Wenn Sie im Krankenhaus sind und Weiß tragen, sind Sie Arzt.
- Wenn Sie Arzt sind, haben Sie einen Titel.
- Wenn Sie einen Titel haben, haben Sie Wissen.
- Wenn Sie über Wissen verfügen, muss das, was Sie verschreiben, wirken.

Aber was wirklich wirkt, ist, dass Sie glauben, dass es wirkt.

Das Kuriose daran ist, dass Ärzte oft das verschreiben, was für eine bestimmte Erkrankung „in Mode" ist oder was „bei den meisten wirkt". Selten werden gründliche Studien durchgeführt, und selbst wenn, wird oft ein unverzichtbarer Punkt ausgelassen: der mentale Faktor.

Vielleicht denken Sie: „Muss ich dann zu einem Psychologen gehen?" Nicht unbedingt. Auch sie sind Teil der Gleichung , nur dass sie mit dem Verstand arbeiten. Sie sitzen weiterhin in einer Praxis und sind weiterhin Autoritätspersonen. Was wirklich wirkt, ist der Glaube, dass sie Ihnen helfen können. In Wirklichkeit helfen Sie sich selbst durch sie.

Dies führt zu zwei Schlussfolgerungen:

1. Aus einem Zustand niedriger Schwingung heraus lassen Sie sich unbewusst von allem beeinflussen, und alles, was Sie als Autorität wahrnehmen, scheint Macht über Sie zu haben.

2. Aus einem Zustand höherer Bewusstheit heraus verstehen Sie, dass Sie sich selbst helfen, indem Sie die Suggestion nutzen, dass der andere Ihnen helfen kann.

Wenn Sie noch einen Schritt weiter gehen, entdecken Sie eine dritte Phase: Sie brauchen keine Hilfe von außen, sondern Verständnis, Akzeptanz und inneren Frieden. Und das können nur Sie selbst Ihnen geben, immer, genau jetzt.

Der Placebo-Effekt wirft sehr interessante Fragen auf. Zum Beispiel: Was würde passieren, wenn die Pille, die Sie erhalten, keine chemischen Eigenschaften hätte, sondern einfach nur Zucker wäre? Dennoch zeigen viele Studien, dass sie die gleiche Wirkung wie ein echtes Medikament haben kann. Warum? Weil Ihr Verstand den Befehl erhielt, zu glauben, dass Sie geheilt werden würden, und dies auch tat. Der Kontext (wer hat sie Ihnen gegeben, wo, wie) war wichtiger als der Inhalt (was tatsächlich darin enthalten war).

> *„Die wirksamste Medizin ist nicht die Substanz, sondern die Wahrnehmung, die Sie davon haben."*

Und auch wenn es wie eine Täuschung erscheint, ist es doch keine. In einer Studie wurde den Patienten gesagt, dass sie Zuckerpillen einnehmen würden, die jedoch die gleiche Wirkung wie ein echtes Medikament hätten. Die Ergebnisse waren positiv: Die Patienten erholten sich, obwohl sie wussten, dass es sich um ein Placebo handelte.

Ein berühmtes Beispiel ist das von Herrn Wright, bei dem 1957 Krebs diagnostiziert wurde und der als unheilbar galt. Er hörte von einem Serum namens Krebiozen und bat darum, es ihm zu verabreichen. Einige Tage später waren die Tumore deutlich geschrumpft. Als er jedoch las, dass das Serum wissenschaftlich nicht fundiert war, erlitt er sofort einen Rückfall. Sein Arzt verabreichte ihm daraufhin Wasser und versicherte ihm, dass dies eine „wirksamere" Version sei, woraufhin sich Wright wieder besserte. Als er jedoch endgültig erfuhr, dass das Medikament wirkungslos war, starb er wenige Tage später.

Wright starb, weil er glaubte, dass es keine Hoffnung mehr gab. Er wurde gesund, weil er glaubte, dass es Hoffnung gab.

Diese Geschichte verdeutlicht, was ich zuvor erwähnt habe. Der Geist hat eine enorme Kraft, sowohl zu heilen als auch zu krank zu machen. Die gute Nachricht ist: Wenn Sie Verantwortung übernehmen, Ihr Bewusstsein erweitern und beginnen, aus der Wahrheit heraus zu leben, können Sie sich dafür entscheiden, immer auf einer hohen Schwingungsebene zu sein.

Ich gebe Ihnen das Rezept, um niemals krank zu werden!

Die meisten Menschen verstehen das nicht. Sie glauben, dass es darauf ankommt, was sie zu sich nehmen oder was sie tun, dabei ist es viel wichtiger, was sie darüber denken, was sie zu sich nehmen oder tun. Es ist das Selbst – von dem wir am Anfang des Buches gesprochen haben –, das die Ergebnisse eines Menschen bestimmt.

Sie können alles SEIN, TUN oder HABEN, was Sie sich im Leben wünschen. Im wahrsten Sinne des Wortes: Sie können Heilung SEIN, Sie können Heilung TUN und Sie können jeden Tag Ihres Lebens Gesundheit HABEN.

Sie selbst können sich mit allem, was Sie tun möchten, in Ihren eigenen Placebo-Effekt versenken. Tatsächlich tun Sie das bereits. Ich erinnere mich an meinen Vater, der immer sagte, dass Natriumbikarbonat für ihn ein Wundermittel sei. Er verwendete es für unzählige Dinge, sogar um seinen Körper zu heilen oder zu reinigen. Ist Natriumbikarbonat wirklich ein Wundermittel? Nein, aber für diejenigen, die daran glauben, schon!

Genau wie er nutzen viele Menschen grüne Säfte, Fastenkuren, Hochfrequenzmusik, spirituelle Retreats, das Meer, die Berge ... Was auch immer Sie wählen, achten Sie darauf, dass es etwas ist, das an sich schon hochschwingend ist (das laut der Bewusstseinskarte einen hohen Wert hat). Alles, was Sie Ihrem wahren Selbst und Ihrer schöpferischen Kraft näherbringt, schwingt hoch. Alles, was Sie von sich selbst – und damit von Gott – entfernt, schwingt niedrig.

> *„Hören Sie auf Ihren Körper, achten Sie auf Ihre Seele und lassen Sie Ihre Intuition Ihr neuer persönlicher Arzt sein."*

Nun wird es Ihnen jedoch nicht viel nützen, einen Psychologen oder Arzt aufzusuchen, der nicht auf einer hohen Ebene lebt, sondern nur „seine Arbeit macht", ohne tiefer zu gehen. Das Wissen, das Sie erwerben, ist wertvoll, um den praktischen Teil des Prozesses zu verstehen. Aber was das Praktische stützt, ist nicht das Praktische, sondern das Spirituelle. Und genau dort sollten Sie so schnell wie möglich anfangen zu investieren.

Viele Ärzte, Therapeuten, Psychologen und Psychiater sind nicht direkt für das System verantwortlich... aber sie sind zu seinen gehorsamsten Soldaten geworden. Sie wurden jahrelang darin geschult, Protokolle zu wiederholen, Symptome auswendig zu lernen und Substanzen zu verschreiben, ohne deren Ursache zu hinterfragen. Was wie „Ausbildung" aussieht, ist in Wahrheit eine tiefgreifende Programmierung, die an der Universität beginnt und durch jeden von Laboren finanzierten Kongress verstärkt wird. Man hat ihnen beigebracht, Teile zu behandeln, nicht den Menschen als Ganzes zu sehen. Man hat ihnen gezeigt, wie man Symptome zum Schweigen bringt, nicht wie man der Seele zuhört.

Und dennoch glauben die meisten weiterhin, dass es ihre Aufgabe ist, zu heilen. Aber Heilen ist nicht ihre Priorität: Das Stabilisieren von Funktionsstörungen ist es. Die moderne Medizin will nicht heilen, sie will kontrollieren. Und ihre wichtigsten Werkzeuge – die Medikamente – erhöhen weder Ihre Frequenz noch verbinden sie Sie mit Gott. Sie betäuben nur Ihre Wahrnehmung, damit Sie nicht spüren, was Sie sehen müssen. Daher ihre „Wirksamkeit": Sie schalten den Körper aus, verändern aber nicht die Ursache.

Sie brauchen keine weiteren Tabletten, keine weiteren Diagnosen und keine weiteren Retter in weißen Kitteln. Sie müssen wieder die Kontrolle über Ihre Energie, Ihren Körper und

Ihr Bewusstsein übernehmen. Denn die wirksamste Medizin befindet sich nicht in einer Flasche: Sie befindet sich in Ihrer Präsenz, in Ihrer Kohärenz, in Ihrer Wahrheit. Und wenn Sie das erkennen, werden Sie aufhören, Ihre Macht an diejenigen abzugeben, die Ihnen nur das geben können, was Sie selbst zugelassen haben.

Es ist nicht so, dass sie Sie heilen. Sie sind es, der sich von dem heilen lässt, was Sie für sie halten.

Und darin liegt die größte Täuschung: Indem Sie an ihre Autorität glauben, geben Sie Ihre Souveränität ab. Aber wenn Sie sich daran erinnern, dass die Quelle in Ihnen wohnt, brauchen Sie keine Vermittler mehr. Sie müssen nur zu Gott zurückkehren. Zur einzigen Wahrheit. Zum Ewigen, das alles heilt.

„Wer würde davon profitieren, wenn Sie von Grund auf geheilt würden? Niemand. Aber wenn Sie chronisch krank, betäubt, diagnostiziert und medikamentös behandelt bleiben ... dann werden Sie zu einem ewigen Kunden."

DAS GESCHÄFT, SIE KRANK ZU HALTEN

Wenn sich jemand unwohl fühlt, geht er als Erstes zum Arzt. Der Arzt verschreibt ein Medikament. Das Medikament unterdrückt das Symptom. Und wenn das Symptom unterdrückt wird, hört der Körper auf zu kommunizieren. Was zuvor ein Warnsignal war, wird nun ignoriert. Und was nicht behandelt wird, verschlimmert sich.

Was fast niemand in Frage stellt, ist, dass die meisten Angehörigen der Gesundheitsberufe lernen, Informationen zu wiederholen, nicht aber, Veränderungen herbeizuführen. Sie studieren jahrelang, was andere als Wahrheit definiert haben. Sie legen Prüfungen ab, lernen Handbücher auswendig und wenden dann Formeln an. Aber wenn sie vom Protokoll abweichen, werden sie bestraft. ***Das System belohnt nicht den, der heilt, sondern den, der gehorcht.***

Das bedeutet nicht, dass alle Ärzte Teil des Problems sind. Viele wurden in einem System ausgebildet, das ihnen nie gezeigt hat, dass Gesundheit auch von der Umgebung, dem Geist, den Emotionen und dem inneren Zustand abhängt. Und das ist der wahre blinde Fleck: Es geht nicht nur darum, was im Körper passiert, sondern auch um den Kontext, in dem es passiert.

Ein Körper wird krank, wenn sein Umfeld sauer, entzündet und oxidiert ist. Das sind keine zufälligen Begriffe: Säure und Oxidation sind innere Zustände, die die Zellen schwächen und die Kommunikation des Immunsystems stören. Und dieses innere Umfeld wird direkt davon beeinflusst, was Sie essen, atmen, denken und fühlen. Ich werde Ihnen einige Beispiele geben, die Ihnen als Leitfaden dienen können

Säurebildende Lebensmittel:

- Raffinierter Zucker (und Sirupe wie Maissirup mit hohem Fruktosegehalt)

- Weißmehl (Weißbrot, industriell hergestellte Teigwaren, Backwaren)

- Alkohol

- Erfrischungsgetränke und Energy-Drinks (stark säurehaltig und voller Zusatzstoffe)

- Frittierte Lebensmittel (wiederverwendete Öle, Transfette)
- Wurstwaren (Würstchen, industriell hergestellter Schinken, Mortadella)
- Verarbeitetes Fleisch (Supermarkt-Hamburger, Nuggets)
- Industrielle Milchprodukte (pasteurisierte Milch, gereifter Käse, gezuckerte Joghurts)
- Übermäßiger Koffeinkonsum (konventioneller Kaffee, Energy-Drinks)
- Ultra-verarbeitete Produkte (Kekse, Snacks, Fertigsuppen)
- Künstliche Süßstoffe (Aspartam, Sucralose)
- Raffinierte Öle (Sonnenblumen-, Raps-, Maisöl)

Hinweis: Nicht alle diese Produkte sind „Gift", aber wenn Sie einen alkalischen und vitalen Körper anstreben, sollten Sie sie vermeiden oder nur in sehr geringen Mengen zu sich nehmen.

Alkalisierende Lebensmittel:

- Frisches Obst (insbesondere Wassermelone, Mango, Ananas, Papaya, Melone, Zitrone, Limette)
- Grünes Gemüse (Spinat, Grünkohl, Sellerie, Gurke, Brokkoli, Rucola)
- Natürliche grüne Säfte (unpasteurisiert und ohne Zuckerzusatz)

- Wasser mit Zitrone (obwohl es außerhalb des Körpers sauer ist, wirkt es im Körper alkalisierend)
- Aktivierte Samen (Chia, Sonnenblumenkerne, Kürbiskerne, Leinsamen, Sesam)
- Sprossen (Alfalfa, Brokkoli, Linsen)
- Algen (Spirulina, Chlorella, Seetang, Nori)
- Avocado
- Frischer Ingwer und Kurkuma
- Alkalische Kräutertees (Löwenzahn, Brennnessel, Minze)
- Natürliches Kokoswasser
- Natives Olivenöl extra (roh)

Vibrationstipp: Je lebendiger die Lebensmittel sind (frisch, roh, gekeimt), desto mehr Energie liefern sie und desto alkalischer sind sie.

Ein saures System ist ein fruchtbarer Boden für chronische Entzündungen, Müdigkeit, Viren und alle Arten von Beschwerden. Wenn Sie unter Entzündungen leiden, wird alles verzerrt: Ihre Energie sinkt, Ihre geistige Klarheit nimmt ab und Ihr Schwingungsfeld fällt auf der Bewusstseinskarte unter 200. Dieser Bereich wird von Angst, Schuldgefühlen, Traurigkeit und Apathie beherrscht. Genau das, was das System täglich verstärkt. Genau das, was Sie betäubt.

Wie Bruce Lipton in seinem Buch „*Die Biologie des Glaubens*" erklärte, ist es nicht das Gen, das Ihre Gesundheit bestimmt, sondern die zelluläre Umgebung. Und diese Umgebung wird durch Ihre Gedanken, Ihre Ernährung, Ihr emotionales Umfeld und Ihren Stresslevel geprägt. Wenn Sie auf Autopilot leben, sich mit niederfrequenten Reizen vollstopfen und Junkfood essen, wie können Sie dann erwarten, dass Ihr Körper gut funktioniert?

Und das lässt sich nicht mit einer Aspirin-Tablette beheben. Was fast niemand weiß, ist, dass viele dieser „gängigen" Tabletten nichts heilen. Sie blockieren lediglich die Signale des Körpers. Aspirin beispielsweise hemmt ein Enzym, um Schmerzen zu lindern, behandelt aber nicht die Ursache. Es sagt dem Körper: „Sei still". Und der Körper gehorcht. Aber was er verschweigt, bleibt in ihm gespeichert. Und was gespeichert und nicht behandelt wird, beginnt auf lange Sicht zu belasten…

Schmerzen, Müdigkeit, Entzündungen … sind keine Fehler. Sie sind Informationen, die beachtet werden müssen.

Die Lösung besteht nicht darin, das Symptom zu unterdrücken, sondern das Terrain zu säubern. Und das beginnt damit, dass wir uns eingestehen, dass uns niemand beigebracht hat, wie man lebt. Dass viele glauben, sie seien gesund, weil sie kein Fieber haben, aber innerlich entzündet sind. Dass man, wenn man ein höheres Leben anstrebt, ein alkalisches inneres System braucht und kein durch Junkfood, chronischen Stress und negative Gedanken übersäuertes.

Zusammenfassend: Es geht nicht darum, gegen die Krankheit zu „kämpfen", sondern darum, sie nicht weiter zu fördern. Und dafür müssen wir uns um das innere Umfeld kümmern, das wir jeden Tag schaffen. Denn was der Körper ausdrückt, ist nur das Spiegelbild dessen, was das Bewusstsein zugelassen hat.

Es ist nicht die Pille. Es ist die Umgebung. Und die wichtigste Umgebung … ist die, für die Sie sich entscheiden.

> *„Giftige Lebensmittel führen zu Entzündungen im Körper; Entzündungen im Körper führen zu dichten Emotionen; dichte Emotionen führen zum Arzt; der Arzt verschreibt Medikamente, die Symptome unterdrücken, ohne zu heilen; und so entsteht Abhängigkeit."*

Wenn wir uns also für die Wahrheit entscheiden, befreit uns die Wahrheit. Es tut weh, ja, das ist wahr. Aber wenn Sie so sind wie ich, dann weiß ich, dass Sie lieber ein Leben führen, das ein wenig wehtut, aber wahr ist, als ein Leben, das Freude vortäuscht, aber völlig falsch ist.

Ich habe dieses Buch geschrieben, um der Menschheit zu helfen, aus der Lethargie zu erwachen, in der sie versunken ist. Eine Lethargie, die durch Ablenkung, Angst und Spaltung hervorgerufen wurde. Eine kollektive Betäubung, die uns dazu gebracht hat, so zu handeln, als wüssten wir nicht, was richtig ist, als würden wir die Wahrheit ignorieren.

Aber die Wahrheit ist nichts, was man außerhalb von sich sucht. Sie ist etwas, das jeder in sich trägt, auch wenn er sich oft dafür entscheidet, sie nicht zu sehen... weil es wehtut, sie zu sehen. Weil es erfordert, die Lüge, die Rolle, die Anhaftungen aufzugeben, die uns Sicherheit, aber keine Erfüllung geben.

Deshalb kommt ein Punkt, an dem man das Unvermeidliche nicht mehr vermeiden kann. An dem man eine echte, ehrliche, endgültige Entscheidung treffen muss.

Eine Entscheidung, die diejenigen, die weiterhin schlafen, von denen trennt, die es wagen, wach zu leben.

Und diese Entscheidung beginnt mit dieser Frage:

Möchten Sie lieber weiter betäubt und blind leben oder sich ein für alle Mal für ein Leben in Wahrheit und Freiheit entscheiden?

Nach allem, was wir bisher durchlaufen haben, ist es ganz natürlich, dass Zweifel aufkommen. Vielleicht verspüren Sie den Wunsch, drastische Veränderungen vorzunehmen: die Medikamente abzusetzen, Ihre Ernährung komplett umzustellen, keine Arzttermine mehr wahrzunehmen, sich vollständig aus dem System zurückzuziehen. Und obwohl diese Entscheidungen mit der Wahrheit, die in Ihnen erwacht, im Einklang stehen mögen, sollten nicht alle auf einmal getroffen werden. Auch sollten nicht alle aus einer emotionalen Reaktion heraus getroffen werden.

Dies ist kein Aufruf zur Reaktion, sondern zum Bewusstsein. Wichtig ist nicht, etwas um des Handelns willen zu tun, sondern klar zu spüren, wann eine Entscheidung aus der Seele kommt... und wann es sich nur um eine als „Erwachen" getarnte Flucht handelt.

Dieses Buch drängt Sie nicht, es begleitet Sie. Es bietet Ihnen einen Prozess. Einen Weg der Deprogrammierung, auf dem jede Schicht zu gegebener Zeit abfällt. Es gibt keine Abkürzungen, die Ihnen das Nach-innen-Schauen ersparen. Es gibt keine Formeln, die Ihr Urteilsvermögen ersetzen.

Deshalb geht es – wie ich schon oft gesagt habe – nicht darum, Schuld zuzuweisen oder mit dem Finger zu zeigen. Es geht darum, zuzuhören. Darum, „ " (die Wahrheit) ihre Arbeit in Ihnen tun zu lassen. Sich dieser kleinen Stimme hinzugeben, die Ihnen, wenn Sie es wagen, ihr zu vertrauen, klar zeigen wird, was der nächste Schritt ist. Auch wenn es unbequem ist. Auch wenn Sie es noch nicht verstehen.

Aber Sie werden es wissen. Weil es sich wahr anfühlt.

KRANKHEIT IST EINE ILLUSION

Aufgrund der Dualität, in der wir leben, müssen wir, so wie wir glauben, dass es möglich ist, krank zu werden, auch verstehen, dass Krankheit an sich nicht real ist. Psychologisch entsteht sie durch den sogenannten Nocebo-Effekt. Dieser Effekt, der dem Placebo-Effekt entgegensteht, beschreibt unsere Fähigkeit, zu glauben, dass uns etwas schaden wird, und diesen Glauben in eine sich selbst erfüllende Prophezeiung zu verwandeln.

Im Jahr 1960 wurde dies in einer Studie mit Asthmapatienten nachgewiesen: 40 Personen erhielten Inhalatoren, die nur Wasserdampf enthielten, aber ihnen wurde gesagt, dass sie reizende Substanzen enthielten. Das Ergebnis: 9 von ihnen (48 %) zeigten Asthmasymptome wie Verengung der Atemwege und 12 (30 %) erlitten vollständige Asthmaanfälle. Später erhielten sie identische Inhalatoren, denen ihnen jedoch versichert wurde, dass sie Medikamente enthielten, und bei allen öffneten sich die Atemwege. In beiden Situationen reagierten die Patienten auf die ihnen eingeflößte Suggestion und erzielten genau den erwarteten Effekt.

Wer war der eigentliche Arzt in diesem Experiment? Der Verstand. Und was war das Rezept? Ein Glaube.

Das führt uns zu der Frage: Wie beeinflussbar sind Sie? Inwieweit können Sie Ihren Seinszustand verändern? Welche Prophezeiungen erschaffen Sie in Ihrem Geist, die sich erfüllen können, ohne dass Sie es merken?

Es ist leicht zu verstehen, dass ein Impfstoff Ihnen gut tut, wenn Sie daran glauben, und dass er Ihnen nicht gut tut, wenn Sie das Gegenteil glauben. Solche Botschaften sind oft unangenehm, weil sie wie eine Einladung zur „Verantwortungslosigkeit" wirken. Aber ist es nicht unverantwortlicher, ohne zu hinterfragen zu leben und zu vermeiden, die Dualität zu verstehen, in der wir existieren? Ist es nicht unverantwortlicher zu vergessen, dass wir spirituelle Wesen und nicht nur physische Körper sind? Dieses Spiel als Opfer der Auswirkungen und nicht als Verantwortliche für die Ursachen weiterzuspielen, ist aus dieser Sicht die größte Verantwortungslosigkeit.

Ich sage es klar und deutlich: Wenn Sie sich unwohl fühlen und als Erstes ein Medikament einnehmen, weil es Ihnen „gut tut", dann wird es Ihnen gut tun, aber denken Sie daran: Das liegt daran, dass Sie daran glauben. Sie brauchen es nicht. Es tut mir leid für Ihren Arzt, seine Studien und all die Überzeugungen, die Sie glauben ließen, dass es das Medikament war, das Sie gerettet hat. Das ist es nicht und wird es auch nie sein. Medikamente können bis zu einem gewissen Grad helfen, aber die innere Arbeit ist unverzichtbar.

Es gibt Hunderte von Fällen, in denen Tumore augenblicklich verschwunden sind. Knochen, die sich in Sekundenschnelle korrigiert haben. Chronische Beschwerden, die sich innerhalb von Minuten aufgelöst haben. Heilung hängt ebenso wie Krankheit nicht von der Zeit ab, sondern vom Bewusstsein.

Unterdrückte Emotionen machen krank, ebenso wie der Glaube, dass man krank werden kann.

Es ist ganz einfach: Wenn Sie verstehen, was ich hier mitteile, können Sie den Glauben entwickeln, dass Sie keine Medikamente brauchen, dass der einfache Akt des bewussten Atmens

Sie heilt oder dass das Empfinden einer Emotion einen so tiefen Liebesprozess auslösen kann, dass er Sie vom Leiden befreit.

> *„Es geht nicht darum, das, was wehtut, zu leugnen, sondern darum, nicht das, was nie die Ursache war, die Kontrolle übernehmen zu lassen."*

Letztendlich kommt es nicht darauf an, was Sie tun, sondern darauf, dass Sie sich bewusst sind, dass das Äußere äußerlich ist: Es ist nicht Sie selbst, auch wenn es Sie direkt beeinflusst, denn Sie entscheiden, welche Wirkung es auf Sie hat. Ob Sie sich dessen bewusst sind oder nicht, so funktioniert es.

Wenn wir weltweit alle glauben, dass es ein hochansteckendes Virus gibt, verstärken wir nur unsere eigene Prophezeiung. Wir können die globale Realität nicht ändern, aber wir können unsere persönliche Realität verändern. Und von dort aus können wir zum kollektiven Wandel beitragen.

> *„Die Masse schafft die Norm, aber der Einzelne schafft den Wandel."*

So oder so werden wir etwas normalisieren. Es liegt an uns, ob wir Leiden und Krankheit oder Frieden und Heilung normalisieren. An niemandem sonst. Das bedeutet, 100 % Verantwortung für unser Leben zu übernehmen. In jedem Augenblick anzuerkennen, dass Ihre Worte die Realität erschaffen, dass Ihre Gedanken Ihre Welt formen und dass Ihre Emotionen Ihr Leben lenken.

Jedes zurückgehaltene Gefühl ist ein unbewusstes Gebet. Sie leben das, worauf Sie sich einstimmen, und erleben das, was Sie als Teil von sich selbst akzeptieren. Die Frage ist: Was werden Sie als wahr akzeptieren? Dass Sie sich mit Ihren Gedanken heilen können oder dass Sie Medikamente brauchen? Dass Sie Ihre Realität nicht verändern können oder dass Ihre Gedanken sie erschaffen und Sie sie daher verändern können? Dass Ihre Emotionen dazu da sind, um gefühlt zu werden, oder dass es richtig ist, sie zu unterdrücken und Ihren Körper und Ihren Geist zu bestrafen?

> *„Was du als wahr akzeptierst, wird in deinem Universum zum Gesetz."*

Das Leben ist einfach, aber um diese Einfachheit zu spüren, muss man leben, und leben bedeutet, etwas Größeres als Leitfaden zu wählen. Der Teufel steckt immer im Detail: Er zweifelt, hinterfragt, urteilt, sät Angst. Gott ist im Absoluten, im Weiten, im Allgemeinen und erinnert Sie an Ihre innere Gewissheit, Ihren Frieden, Ihre Liebe und Ihre Unschuld. Gott garantiert Ihnen den Gipfel des Berges, auch wenn er Ihnen nicht versichern kann, dass es während des Aufstiegs keine Stürme oder Widrigkeiten geben wird. Der Teufel wird Ihnen einflüstern, dass Sie vielleicht besser umkehren sollten, weil es zu riskant ist, oder dass es vielleicht gar nicht wirklich der Gipfel ist, den Sie erreichen sollten.

Gott und der Teufel werden immer in diesem dualen Spiel sein, genauso wie Sie immer die Freiheit haben werden, selbst zu denken und zu entscheiden, auf wen Sie hören und welchen Weg Sie einschlagen möchten.

Jetzt, da Sie das Wesen dieses Spiels verstehen und Ihr Bewusstsein sich zu voller Verantwortung für Ihr Leben erhoben hat; jetzt, da wir uns sowohl um Ihre innere als auch um Ihre äußere Gesundheit kümmern und Sie verstehen, wie dieses weltweite System aufgebaut ist, ist es an der Zeit, diese Botschaft zu verkörpern. Möge Ihr Wesen eins werden mit der Göttlichkeit und möge es die angeborene Kraft, die Gott uns gegeben hat, wirklich nutzen können.

ENTFESSELN SIE IHRE ANGEWORFENE HEILUNGSKRAFT

Diese Technik nutzt die Kraft Ihres Geistes zu 100 %. Ich hielt es für unerlässlich, eine Praxis einzubeziehen, die das zusammenfasst, was ich in jahrelanger Forschung und Erfahrung im Bereich der Heilungs n gelernt habe, ergänzt durch Erkenntnisse, wie sie sogar die CIA in freigegebenen Dokumenten anerkannt hat. Diese Technik ist einzigartig; Sie werden sie nirgendwo anders finden. Und wenn sie Ihnen hilft, haben Sie meine Erlaubnis, sie mit der ganzen Welt zu teilen.

Diese praktische Methode, die Sie erlernen werden, setzt Ihre Fähigkeit frei, sich von jeder Krankheit zu heilen, sich zu verjüngen, Ihre Vitalität zurückzugewinnen und sich augenblicklich von Leiden zu befreien. In etwa 20 Minuten können Sie sich neu ausrichten, sich daran erinnern, wer Sie sind, und Ihre Schwingungsfrequenz auf Zustände wie bedingungslose Liebe (530) und Frieden (600) anheben.

Technik: Innate Healing Energy Expansion (EESI)

Ich bitte Sie, diese Technik anzuwenden, während Sie sie lesen. Die Informationen werden wirklich integriert, wenn sie sofort angewendet werden, nicht morgen oder „wenn Sie Zeit haben". Machen Sie es jetzt, dann können Sie es später perfektionieren. Es ist in drei Phasen mit klaren Schritten unterteilt, die Sie beim Lesen befolgen werden.

Phase 1: Vorbereitung – Entspannen Sie Ihren Körper

Wenn Sie sitzen oder liegen, richten Sie sich so ein, dass Sie sich wohlfühlen. Lösen Sie die Anspannung in Ihren Schultern, Ihrem Kiefer und Ihrer Stirn.

1. **Start-Affirmation.** Wiederholen Sie in Gedanken: *„Ich bin mehr als mein physischer Körper. Jetzt lasse ich alle Anspannung los und aktiviere meine natürliche Heilkraft."*

2. **Atmen Sie tief ein**. Atmen Sie lang und tief ein und stellen Sie sich dabei vor, wie Sie helles grünes Licht aus dem Universum in Ihren Kopf aufnehmen. Halten Sie den Atem einige Sekunden lang an und atmen Sie dann langsam aus, wobei Sie alle stagnierende Energie in den Boden abgeben. Wiederholen Sie dies dreimal und behalten Sie dabei diese Visualisierung bei.

Phase 2: Aktivierung – Erstellen Sie Ihren Heilungsenergieball (HEB)

Stellen Sie sich vor, dass Sie vollständig von einer Kugel aus strahlend grünem Licht umgeben sind. Mit jedem Atemzug dehnt sich die Kugel aus und wird stärker.

Wiederholen Sie mental: *„Ich bin von heilender Energie umgeben, die jede Zelle meines Körpers ausgleicht und wiederherstellt."*

1. **Identifizieren Sie die Bereiche, die Aufmerksamkeit benötigen.** Fragen Sie Ihren Körper: *„Wo brauchst du jetzt meine Aufmerksamkeit?"* Lassen Sie das Gefühl zu:

Es kann ein Schmerz, ein Schweregefühl oder einfach ein Gedanke sein, der auf einen Bereich hinweist.

2. **Heilungsenergie-Stab (HES).** Stellen Sie sich vor, Sie halten einen violetten Lichtstab in Ihren Händen. Richten Sie ihn auf den Bereich, den Sie identifiziert haben. Wiederholen Sie: *„Ich reinige, gleicht aus und stelle diesen Teil meines Körpers mit heilender Energie wieder her."*

Phase 3: Manifestation – Projizieren Sie Ihre Heilung

Stellen Sie sich vor, wie jede Zelle in Harmonie arbeitet und strahlend leuchtet. Wenn Sie sich das nicht vorstellen können, wiederholen Sie: *„Meine Zellen wissen, wie sie heilen können. Ich bin vollständig, ausgeglichen und gesund."*

1. **Verbinden Sie sich mit Ihrer inneren Wahrheit.** Lassen Sie sich von der Gewissheit durchdringen, dass Sie bereits heilen. Nehmen Sie jede Veränderung wahr: Erleichterung, Ruhe oder Wärme in bestimmten Bereichen.

2. **Verankern Sie sich.** Legen Sie zum Abschluss Ihre Hände auf Ihr Herz, atmen Sie tief ein und sagen Sie: *„Danke, mein Körper, dass du weißt, wie man heilt. Danke für diesen Moment der Erweiterung und Erneuerung."*

Wenn Sie verstehen, dass Sie die Kraft haben, Ihre Realität von innen heraus zu verändern, haben Sie das Wesentliche dieses Buches verstanden. Was Sie von nun an tun werden, ist, Ihr Licht zu verbreiten, um es mit der Welt zu teilen.

Aber um zur Wahrheit zu gelangen, muss man wissen, woher wir kommen. Die Kontrolle, die wir heute erleben, begann nicht mit der Technologie. Sie begann viel früher, versteckte sich in Erzählungen, wurde in der Geschichte kodifiziert, in die DNA eingeschrieben.

Was jetzt kommt, soll Sie nicht erschrecken, sondern befreien. Denn der einzige Weg, aus einem Gefängnis zu entkommen, besteht darin, zu erkennen, dass man sich darin befindet. Und der einzige Weg, zu erwachen, besteht darin, sich zu erinnern.

Zünden wir die Lampe an. Nicht, um die Vergangenheit mit Angst zu betrachten, sondern um die Gegenwart mit neuen Augen zu sehen.

SEBASTIAN SANN

TEIL 2: DIE LAMPE IM VERBORGENEN ANZÜNDEN

Was wäre, wenn wir nicht durch Zufall oder einen einsamen Gott erschaffen worden wären, sondern durch Intelligenzen, die von den Sternen herabgestiegen sind, um ihren Code in uns zu säen?

In einer Welt, in der immer noch Milliarden von Menschen glauben, dass wir in einem einzigen Augenblick von einem einzigen Schöpfer erschaffen wurden, führt das Hinterfragen dieser Überzeugungen automatisch zu Kontroversen. Das Gleiche gilt, wenn man die wissenschaftliche Version in Frage stellt, die behauptet, dass wir nur das Ergebnis der Evolution sind. Aber unabhängig davon, wer Recht hat, betrachten beide Sichtweisen nur die Hälfte der Geschichte.

Heute beginnen sogar renommierte Wissenschaftler und Forscher zuzugeben, was früher undenkbar war: dass die menschliche Spezies von nichtmenschlichen Wesen entworfen, beschleunigt oder interveniert worden sein könnte. Und wir sprechen hier nicht von Glauben oder Überzeugungen, sondern von Fakten, Funden und Mustern, die nicht zur offiziellen Erzählung passen.

Im Folgenden werden wir einige der umstrittensten, aber auch aufschlussreichsten Beweise betrachten. Vielleicht haben Sie sich diese Fragen noch nie gestellt, aber am Ende dieses Kapitels wird es unmöglich sein, sie zu ignorieren. Denn wenn Sie herausfinden, wer Sie erschaffen hat, werden Sie sich auch daran erinnern, wer Sie sind.

UNWIDERLEGBARE BEWEISE DAFÜR, WER WIR SIND

Beweis 1: Der Urknall des Gehirns

Im Jahr 2004 veröffentlichten Forscher der Universität Chicago eine schlüssige Studie: Die Entwicklung des menschlichen Gehirns kann nicht schrittweise erfolgt sein. Vor etwa 50.000 Jahren hat sich etwas abrupt verändert, wodurch wir von Höhlenmalereien zu ganzen Zivilisationen übergehen konnten.

Eines der Schlüsselelemente war die Mutation des Gens **FOXP2**, das für Sprache und abstraktes Denken verantwortlich ist. Obwohl es auch bei anderen Tieren vorkommt, wurde es speziell beim Menschen verändert, was unsere kognitiven Fähigkeiten sprunghaft steigerte.

Und als ob das noch nicht genug wäre, fällt diese genetische Veränderung genau mit dem mysteriösen Verschwinden der Neandertaler zusammen ... und mit dem Auftauchen von Höhlenmalereien, die nicht-menschliche Wesen mit fremdartigen Formen und Proportionen darstellen. Zufall ... oder Kontakt?

Beweis 2: Eine DNA mit der Handschrift der Technik

Im Jahr 2013 stellten Physiker der Nationalen Universität Kasachstans eine revolutionäre Hypothese auf: Die menschliche DNA enthält einen mathematischen Code, der so ausgefeilt ist, dass er millimetergenau entworfen zu sein scheint. Ihre

Präzision, ihre symbolische Struktur und ihre Fähigkeit, Informationen zu „archivieren", ähneln eher einer intelligenten Software als einem Produkt des Zufalls.

Darüber hinaus vermuteten diese Wissenschaftler, dass bestimmte Teile unserer DNA als Empfänger einer externen Intelligenz fungieren. Als wäre der Körper eine Antenne, die sich auf denjenigen einstimmen kann, der ihn erschaffen hat. Kommt Ihnen das bekannt vor? Der Körper als Tempel des Geistes, als direkter Kanal zum Göttlichen.

Hier kommt ein ebenso beunruhigendes wie aufschlussreiches Konzept ins Spiel: das **„biologische SETI"**. SETI, das Programm zur Suche nach außerirdischer Intelligenz, hat Jahrzehnte damit verbracht, Radiosignale aus dem Weltraum abzuhören. Aber was wäre, wenn das wahre Signal nicht vom Himmel käme, sondern in uns selbst?

Das biologische SETI geht genau davon aus: Eine fortgeschrittene Zivilisation würde keine Nachrichten über Radiowellen senden, sondern ihre genetische Signatur in der DNA anderer Spezies hinterlassen und darauf warten, dass diese sich so weit entwickeln, dass sie die Nachricht lesen und sich daran erinnern können, wer sie sind.

Genau das geschieht gerade: Das spirituelle Erwachen, das so viele Menschen empfinden, ist kein Zufall. Es ist eine zelluläre Aktivierung. Ein Rückruf, der in unserem Ursprung kodiert ist.

Der Körper als Antenne. Die DNA als Botschaft. Die Seele als Empfänger. Das ist keine Science-Fiction. Es ist das, was viele Wissenschaftler bereits zu sagen wagen... auch wenn man versucht, sie zum Schweigen zu bringen.

Beweis 3: Die mitochondriale Eva

Fortschritte in der Genetik haben etwas Faszinierendes offenbart: Alle lebenden Menschen haben eine gemeinsame weibliche Vorfahrin namens „ ". Das ist kein Mythos, sondern Biologie: die **mitochondriale Eva**.

Diese Frau lebte vor etwa 200.000 Jahren, und ihre mitochondriale DNA ist in jedem von uns noch immer vorhanden. Aber ihr Erscheinen fällt mit einem katastrophalen Ereignis zusammen, das die Menschheit fast ausgelöscht hätte. Nur ihre Linie überlebte.

War es Zufall ... oder ein Neuanfang? Warum tauchten plötzlich so viele unterschiedliche menschliche Rassen in so kurzer Zeit auf? Und warum können wir den evolutionären „Sprung", der uns hierher gebracht hat, immer noch nicht vollständig erklären?

Beweis 4: Die RH-negative Anomalie

Wussten Sie, dass der Körper einer Frau mit RH-negativem Blut, wenn sie mit einem RH-positiven Fötus schwanger wird, diesen wie einen Eindringling angreifen kann? Dies ist in der Natur beispiellos.

Etwa 15 % der Weltbevölkerung hat RH-negatives Blut, aber es konzentriert sich besonders auf bestimmte Regionen wie das Baskenland, dessen Sprache und Genetik bis heute ein Rätsel sind.

Zu dieser Seltenheit kommen noch weitere Besonderheiten hinzu: erhöhte Intuition, psychische Sensibilität, niedrigere Körpertemperatur, zusätzliche Wirbel... und sogar ein hoher Anteil der Menschen mit dieser Blutgruppe berichtet von paranormalen Erfahrungen oder Sichtungen von unbekannten Flugobjekten.

Haben wir es hier mit einer hybriden Abstammungslinie zu tun? Mit einer absichtlichen genetischen Veränderung? Und warum ist diese Blutvariante auch für einen Großteil des europäischen Königshauses charakteristisch?

Die Bibel erwähnt dies auf subtile Weise:

„Es gab Riesen auf der Erde in jenen Tagen, und auch danach, als die Söhne Gottes zu den Töchtern der Menschen kamen und ihnen Kinder zeugten. Das waren die Helden, die seit alters her berühmte Männer waren." *(Genesis 6:4)*

Beweis 5: Das fehlende Glied

Die Evolutionstheorie besagt, dass wir uns langsam aus Affen entwickelt haben. Die fossilen Funde stützen diese Theorie jedoch nicht. Millionen von Jahren lang gab es keine nennenswerten Veränderungen, und plötzlich, vor etwa 200.000 Jahren, tauchte der *Homo sapiens* auf, mit einer Intelligenz, die sich nicht allein durch natürliche Selektion erklären lässt.

Der Sprung war so abrupt, dass das berühmte „fehlende Glied" nie gefunden wurde. Vielleicht weil es nicht verloren gegangen ist. Vielleicht hat es nie existiert. Was es jedoch gibt, sind Hinweise auf eine Intervention, auf eine künstliche Beschleunigung. Wenn das möglich war ... wer hat es getan und zu welchem Zweck?

Beweis 6: Die Doppelhelix vor ihrer Entdeckung

Die Struktur der DNA wurde 1960 entdeckt. Doch schon Tausende von Jahren zuvor hatten alte Kulturen das Symbol der Doppelhelix in Steine, Tempel und Ruinen gemeißelt. Woher wussten sie das?

Der Caduceus – zwei ineinander verschlungene Schlangen mit Flügeln – taucht in Mythologien auf der ganzen Welt auf: in Sumer, Ägypten, Griechenland, Rom. Er stand für die Götter, die vom Himmel herabgestiegen waren, Meister der Alchemie, der Heilkunst und des Handels. Ist es Zufall, dass dies genau die Funktionen sind, die den *Anunnaki* in den sumerischen Tontafeln zugeschrieben werden?

Die Doppelhelix repräsentiert nicht nur unsere DNA. Sie symbolisiert auch die Quelle, aus der sie stammt, und laut den Alten kam diese Quelle vom Himmel.

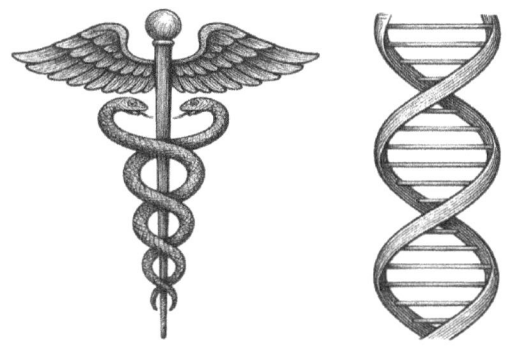

Der Caduceus und die DNA

Was wäre, wenn all diese Informationen nicht nur dazu da wären, uns zu faszinieren, sondern uns zu aktivieren? Denn wenn jemand intelligentes Leben auf diesem Planeten gesät hat und wir Teil dieser Aussaat sind... dann sind wir nicht einfach nur weiterentwickelte Tiere. Wir sind inkarniertes Bewusstsein mit einer kosmischen Bestimmung.

Es geht nicht um Außerirdische. Es geht darum, uns an den vergessenen Pakt mit unserem Ursprung zu erinnern. Und jeder Pakt, an den man sich erinnert, erfordert Handeln.

Vielleicht sind wir Menschen nicht einfach nur „Menschen", sondern viel mehr ... oder viel weniger. Vielleicht ist unsere Existenz so winzig und unbedeutend, dass am Ende nichts Sinn macht, oder dass absolut alles Sinn macht.

Dieses Thema werden wir gegen Ende des Buches behandeln. Jetzt ist es an der Zeit, Ihnen unsere Vorfahren vorzustellen.

DIE VORFAHREN DER GESAMTEN MENSCHHEIT

Wenn man wirklich zu recherchieren beginnt, stößt man nicht auf Widersprüche, sondern auf Schweigen. Unangenehmes, selektives und vor allem absichtliches Schweigen. Es ist, als wolle jemand verhindern, dass wir die Teile zusammenfügen. Aber die Teile sind da: in alten Büchern, in unmöglichen Spuren, in Denkmälern, die jeder Logik widersprechen, in Beweisen, die von den Institutionen, die vorgeben, die „Wahrheit" zu bewahren, unterdrückt werden.

Die biblische Erzählung der Genesis macht es deutlich: *„Es gab Riesen auf der Erde in jenen Tagen und auch danach, als die Söhne Gottes sich mit den Töchtern der Menschen vereinigten."* Diese Aussage, die von vielen als symbolisch angesehen wird, erhält eine andere Dimension, wenn wir entdecken, dass es weltweit Spuren, Skelette und Strukturen gibt, die beweisen, dass es tatsächlich Wesen von außergewöhnlichen Dimensionen gab, die auf diesem Planeten lebten ( ).

Fußabdrücke und Knochen, die nicht in die offizielle Geschichte passen

Es wurden fossile Fußabdrücke von Menschen gefunden, die bis zu 1,30 Meter lang sind und identische Proportionen wie unsere Füße aufweisen: fünf Zehen, Ferse, Fußgewölbe. Sie wurden in Afrika, Amerika und Asien gefunden. Wie lässt sich das erklären, wenn es keine Riesen gab?

Hinzu kommt eine historische Klage: Im Jahr 2015 wurde das Smithsonian Institute vom Obersten Gerichtshof der USA gezwungen, zuzugeben, dass es im Laufe des 20. Jahrhunderts Tausende von Riesenskeletten zerstört hatte. Ein Zeuge legte einen über einen Meter langen Oberschenkelknochen vor, zusammen mit einem Brief eines ehemaligen Mitarbeiters des Instituts, der die Existenz von Lagerräumen voller riesiger Knochenreste in den 1920er Jahren bestätigte. Die Institution räumte die Tatsachen ein, rechtfertigte sie jedoch damit, dass sie „im Widerspruch zu den anerkannten wissenschaftlichen Erkenntnissen" stünden. Was sie jedoch nicht sagten, ist, dass es, egal wie viele Knochen sie auch verstecken mögen, Spuren gibt, die sie nicht begraben können.

Hände, die eine andere Geschichte erzählen

Bei Ausgrabungen in der Nähe des alten Palastes von Avaris in Ägypten wurden 16 amputierte rechte Hände gefunden, alle von großer Größe: zwischen 25 und 31 Zentimeter lang. Archäologen zufolge könnten sie Menschen mit einer Körpergröße zwischen 2,70 und 2,90 Metern gehört haben. Krieger? Wesen einer anderen Spezies? Der Fund scheint alte ägyptische Erzählungen über Soldaten zu bestätigen, die ihren riesigen Feinden die Hände abhacken, um sich deren Kraft anzueignen.

Megabauten

Ein weiterer Hinweis darauf, dass es auf der Erde Wesen gab, deren Intelligenz der heutigen weit überlegen war – oder die einfach nur Riesen waren –, sind Bauwerke, die bis heute jeder logischen Erklärung trotzen. Und ich spreche nicht nur von den Pyramiden in Ägypten: Der gesamte Planet ist übersät mit unmöglichen Bauwerken.

Die Pyramiden Ägyptens wurden aus mehr als 2,3 Millionen Granitblöcken erbaut, von denen jeder durchschnittlich 2,5 Tonnen wiegt, einige sogar bis zu 60 Tonnen.

Aber das ist noch nicht alles: Die geografischen Koordinaten der Großen Pyramide von Gizeh lauten **29.9792458°**, genau die gleichen Zahlen wie die Lichtgeschwindigkeit (**299.792.458 m/s**). Nur Zufall?

Außerdem sind die drei Pyramiden von Gizeh auf die drei Sterne des Orion-Gürtels (Alnitak, Alnilam und Mintaka) ausgerichtet. Die gleiche Ausrichtung findet sich auch in Teotihuacán (Mexiko) und Xi'an (China) wieder, mit Abweichungen von weniger als 0,05°. Wie viele Zivilisationen, die offenbar keinen Kontakt miteinander hatten, beschlossen, Tempel und Pyramiden zu bauen, die genau denselben Sternen folgen?

Als ob das noch nicht genug wäre, sind diese großen Bauwerke – die Pyramiden in Ägypten, Mexiko, China und Kambodscha – auf denselben geodätischen Meridian ausgerichtet, der als *Großkreis* bekannt ist, eine präzise Linie, die den gesamten Umfang des Planeten umspannt. Keine dieser Zivilisationen wusste angeblich, dass die Erde eine Kugel ist.

Im Inneren der Großen Pyramide von Cheops wurden weder Mumien noch Hieroglyphen oder Grabbeigaben gefunden.

Die Innenkammern sind mit solcher astronomischer und akustischer Präzision angeordnet, dass einige Forscher behaupten, sie hätten als Resonanzgeräte fungiert.

Kürzlich hatte ich die Gelegenheit, die Pyramiden von Gizeh zu besuchen. Seit meiner Kindheit träumte ich davon, nach Ägypten zu reisen und sie zu sehen. Am ersten Tag war ich sehr enttäuscht: Alles war kommerzialisiert, und es schien, als wollten sie mir eher etwas verkaufen, als mir zu helfen.

Trotzdem ermöglicht allein die Nähe zu den Pyramiden, in ihr Schwingungsfeld einzutauchen. Es ist etwas Immaterielles, für unser menschliches Ego fast nicht wahrnehmbar, aber unbestreitbar: Die Präsenz der Pyramiden ist extrem stark.

Wenn Sie sie eines Tages besuchen und denselben Ruf verspüren wie ich, würde ich Ihnen nur eines sagen: Seien Sie präsent. Es ist ein privatisierter Ort, voller Touristen und Kommerz, aber wenn Sie sich erlauben, zu beobachten und zuzuhören, wird die Erfahrung zu etwas Heiligem.

Weiter geht es mit den antiken Monumenten: In Südamerika finden wir **Sacsayhuamán**, eine megalithische Festung in Cuzco, Peru, wo auf einer Fläche von mehr als 3.000 Hektar durchgehende Mauern von 9 Metern Höhe errichtet wurden, die aus Blöcken mit einem Gewicht von jeweils 90, 125 und sogar 350 Tonnen bestehen.

Nicht weit davon entfernt, ebenfalls in Peru, liegt die Stadt **Ollantaytambo**, die aus Monolithen mit einem Gewicht zwischen 12 und 40 Tonnen erbaut wurde, und das imposante **Machu Picchu**, das aus Blöcken mit einem Gewicht von bis zu 120 Tonnen errichtet wurde.

In Asien sticht die **Plattform von Baalbek** hervor, die aus Blöcken mit einem Gewicht zwischen 900 und 1.100 Tonnen errichtet wurde. Nur 7 Kilometer entfernt lagen drei weitere, noch beeindruckendere Megalithen: mit einem Gewicht von 1.000, 1.242 und sogar 1.650 Tonnen, deren Herkunft bis heute ein Rätsel ist.

Das Beeindruckendste daran ist, dass die Schnitte dieser Blöcke millimetergenaue Toleranzen aufweisen, die selbst mit moderner Technologie ohne Präzisionslaserwerkzeuge unmöglich sind. Der Ingenieur Chris Dunn hat nachgewiesen, dass einige Schnitte in Gizeh komplexe dreidimensionale Krümmungen aufweisen, als wären sie mit hochfrequenten Rotationsmaschinen ausgeführt worden. Und das mitten in der Bronzezeit?

Interessanterweise heißt es im **Buch Henoch**, Kapitel 7, dass Gott die Wüste Dudael öffnete, um die gefallenen Engel zu fangen, die die Menschheit störten. Diese Wüste befindet sich im heutigen Libanon, wo die 1.650 Tonnen schweren Monolithen liegen.

Wie gelang es den alten Völkern, solche architektonischen Meisterwerke zu schaffen, die bis heute unerklärlich sind? Hatten sie Hilfe von Außerirdischen? Gab es riesige Wesen, die in der Lage waren, solche Steinriesen zu bewegen? Vielleicht beides. Und auch wenn wir keine endgültige Antwort haben, können wir nicht länger leugnen, dass diese Bauwerke existieren, die bekannten Gesetze herausfordern und zu einer unvermeidlichen Schlussfolgerung führen: Die Geschichte der Menschheit muss neu geschrieben werden.

WIR SCHREIBEN DIE GESCHICHTE BEREITS NEU

Es bedarf keiner Bestätigung durch einen Archäologen. Indem wir diese Worte lesen und schreiben, verändern wir bereits die Erzählung. Wir retten bereits eine Geschichte, die durch Jahrhunderte der Manipulation begraben wurde.

Ich weiß, dass das vielleicht übertrieben klingt. Aber unterschätzen Sie nicht die Kraft, Ihr Bewusstsein zu erweitern: Das verändert Ihre Frequenz, und Ihre Frequenz verändert Ihre Realität.

Jeder Mensch, der erwacht, schreibt die Geschichte neu. Nicht mit Kriegen. Nicht mit Dekreten. Sondern mit Präsenz. Mit Entschlossenheit. Mit einer Suche, die nicht aufgibt.

Wollen Sie die Welt verändern? Verändern Sie Ihre Wahrnehmung von ihr.

Wollen Sie die Wahrheit erfahren? Leben Sie die Wahrheit.

Die Welt braucht keine weitere offizielle Version. Sie braucht Menschen, die sich daran erinnern, dass das Unmögliche bereits geschehen ist… und wieder geschieht.

DIE FAST 8 METER GROSSE FRAU

1984 wurden in Ecuador die Überreste einer riesigen Frau gefunden, die später dem Priester Carlos Vaca übergeben wurden. Nach seinem Tod wurden die Knochen vom österreichischen Forscher Klaus Dona untersucht, der die Ergebnisse 2011 auf einem Kongress in Deutschland vorstellte. Seinen Studien zufolge handelte es sich um eine ***etwa 7,60 Meter große Frau***, die in der Bergkette Llanganates lebte.

SKELETT IM JUNGFRAU-PARK IN DER SCHWEIZ

Neben diesem Fall gibt es zahlreiche Berichte über Wesen mit einer Körpergröße zwischen 3 und 3,50 Metern in verschiedenen Regionen der Erde. Diese Berichte verblassen jedoch angesichts von Funden wie dem in Ecuador, die echte Anomalien in einer alten Welt der Riesen zu sein scheinen.

Heutzutage gibt es keine Fälle dieser Größenordnung mehr. Obwohl es Menschen gibt, die über zwei Meter groß sind, liegt der Weltrekord bei knapp 2,50 Metern. Das ist weit entfernt von den Giganten der Vorzeit, die leicht 3 Meter und sogar noch mehr erreichten.

All dies, in Verbindung mit den kolossalen Dimensionen des Universums, in dem wir leben, erscheint nicht mehr wie Science-Fiction, sondern beginnt Sinn zu machen. Vielleicht haben sie uns deshalb so viele Dinge verheimlicht und die Wahrheit fragmentiert. In diesem Buch fügen wir einige dieser Teile zusammen, um zumindest ein Prozent des Puzzles zu erahnen.

Das mag wie Fantasie klingen, denn die Beweise für Riesen in der Antike sind überzeugend, während sie in der Gegenwart unmöglich erscheinen. Oder doch nicht? Sehen Sie sich das Folgende an.

RIESEN LEBEN UNTER UNS (ZENSURIERTE INFORMATIONEN)

Im April 2022 filmte der Kanadier Andrew Dawson eine riesige Gestalt auf dem Gipfel eines Berges im Jasper-Nationalpark in Kanada. Was wie ein Pfosten aussah, bewegte sich, als er das Bild vergrößerte. Andrew war wie besessen. Er kehrte mehrmals an den Ort zurück, aber der Zugang wurde von angeblichen Geheimdienstagenten blockiert. Er behauptete sogar, überwacht zu werden.

Einige Tage später filmte er Hubschrauber, die in der Nähe der Stelle im Einsatz waren: Einer hob Bäume an, ein anderer flog über den Gipfel. Er vermutete, dass sie etwas abbauten. Als er erneut hinaufsteigen wollte, wurde er von einem Mann in einem Auto aufgehalten, der ihm den Weg versperrte.

Nach mehreren Tagen des Schweigens tauchte Andrew in einem Video wieder auf und leugnete alles zuvor Gesagte. Er sagte, es sei nur „Unterhaltung" gewesen. Aber seine Körperhaltung und sein verlorener Blick waren nicht überzeugend. Kurz darauf veröffentlichte er ein Video mit dem Titel *„Ich habe Angst"*, in dem er erklärte: *„Sie können mich nicht zum Schweigen zwingen."* Es war sein letzter relevanter Beitrag. Im Juli starb Andrew. In seinem Nachruf werden die Ursachen nicht erwähnt.

Der Fall verbreitete sich schnell im Internet. Viele brachten ihn mit einer anderen Episode in Verbindung: dem **Riesen von Kandahar**, der angeblich 2002 in Afghanistan von der US-Armee getötet wurde. Laut durchgesickerten Zeugenaussagen war der Riese über 4 Meter groß, hatte sechs Finger, zwei Zahnreihen und wurde nach seiner Erschießung mit einem Hubschrauber zu einer Militärbasis gebracht.

Zufall? Fiktion? Inszenierung? Wichtig ist nicht, jedes Detail zu beweisen, sondern das Muster zu erkennen: Wer bestimmten Wahrheiten zu nahe kommt, verschwindet. Der Fall von Andrew mag real sein oder auch nicht, aber er steht für etwas Größeres: eine systematische globale Zensur gegen alles, was die offizielle Darstellung in Frage stellt.

Dieses Buch will Sie nicht von irgendetwas überzeugen, sondern Sie daran erinnern, dass die Geschichte noch nicht zu Ende ist. Dass die Zensur weiterlebt. Dass das Unmögliche weiterhin geschieht. Und dass Sie die Freiheit – und die Verantwortung – haben, zu entscheiden, welches Leben Sie gestalten möchten.

*Ausschnitt aus einem der Videos,
die Andrew in Kanada gedreht hat, 2022.*

Wir wissen, dass diese Geschichte an Kraft gewinnt, wenn man die Videos sieht und hört, was Andrew sagt, wie er es sagt und was er vermittelt. Deshalb möchte ich Sie nicht mit einem verschwommenen Bild zurücklassen, das durch die Geschichte eines Jungen auf TikTok untermauert wird. Wenn Sie sich die Videoserie ansehen und mit eigenen Augen überprüfen möchten, was Sie hier gelesen haben und was Andrew erzählt hat, das dazu geführt hat, dass er zum Schweigen gebracht wurde, scannen Sie den folgenden QR-Code:

Code zum Freischalten der Ressource: **222**
(Sie benötigen ihn, nachdem Sie ein Konto erstellt haben)

AUF WIEDERSEHEN, UFOLOGISCHES RÄTSEL

Nachdem wir nun gesehen haben, wie die Geschichte manipuliert wurde – von den Riesen über die unmöglichen Megabauten bis hin zu den vertuscht n Todesfällen derer, die zu viel verraten haben –, ist es an der Zeit, Licht in einen weiteren großen Schleier zu bringen: die sogenannten UFOs.

Denn wenn wir davon sprechen, die Geschichte neu zu schreiben, können Sie das Offensichtliche nicht länger ignorieren: Unbekannte Flugobjekte sind überall.

Es handelt sich nicht mehr um Vermutungen, Glaubenssätze oder „New-Age"-Spinnereien. Es sind offizielle Aufzeichnungen, von Armeen freigegebene Aufnahmen, Aussagen ehemaliger Geheimdienstmitarbeiter und Tausende von gewöhnlichen Zeugen. Die Ufologie ist kein Mysterium mehr: Sie ist eine unbequeme Realität, die viele lieber weiterhin als Fantasie bezeichnen, um ihre Sicht der Realität nicht ändern und ihre Augen nicht öffnen zu müssen.

Seit Jahren wird die Vorstellung wiederholt, dass Außerirdische Wesen sind, die vom Himmel kommen, Bewohner anderer Planeten. Aber... was wäre, wenn sie tatsächlich hier bei Ihnen wären? Es gibt unzählige Beweise: UFOs, die aus Vulkanen aufsteigen, Objekte, die aus dem Meeresgrund auftauchen, Tausende von Aufnahmen von Lichtern, die sich mit unmöglichen Geschwindigkeiten bewegen. Sie sind am Himmel, auf der Erde, in den Ozeanen. Sie sind hier.

NICHT-MENSCHLICHE TECHNOLOGIE IST EIN SPIEGEL FÜR DIE SCHLAFENDE MENSCHHEIT

Seit Jahrzehnten sickern Aussagen von Wissenschaftlern wie **Bob Lazar** durch, der 1989 behauptete, in geheimen Einrichtungen der US-Regierung an der Rückentwicklung nicht-menschlicher Raumschiffe gearbeitet zu haben. Seine Aussagen über Antigravitationsantriebe, Elemente, die von der damaligen Wissenschaft noch nicht anerkannt waren, und Raumschiffe, die mit irdischer Technologie nicht nachgebaut werden konnten, lösten eine globale Debatte aus.

Viele versuchten, ihn zu diskreditieren, aber im Laufe der Zeit bestätigten mehrere Fakten Aspekte seiner Erzählung, darunter die Entdeckung des Elements 115 und logistische Details der Stützpunkte, an denen er angeblich gearbeitet hatte.

Unabhängig davon, ob jedes Detail wahr ist oder nicht, ist die wesentliche Frage, die sich daraus ergibt: Wenn diese Technologien existieren, was wurde uns dann verheimlicht ... und warum? Warum sind wir weiterhin an fossile Energien, chronische Krankheiten und die Zerstörung des Planeten gebunden, wenn es doch etwas Höheres geben könnte?

Die zentrale Frage ist nicht, ob es Raumschiffe gibt. Die Frage ist, ob wir in uns die Fähigkeit besitzen, uns daran zu erinnern, was diese Raumschiffe symbolisieren: Expansion, Evolution, Befreiung von den Gesetzen von Zeit und Raum. Denn wenn ein Objekt die Raumzeit krümmen kann ... kann ein erweitertes Bewusstsein das dann nicht auch?

> *„Alles, was uns draußen verborgen bleibt, ist nur ein Spiegelbild dessen, was wir vergessen haben, in uns selbst zu suchen."*

ANTIGRAVITATIONSTECHNOLOGIE

Was Bob Lazar enthüllte, war kein Einzelfall. Im Gegenteil: Es ist Teil einer langen Kette von verborgenen Entdeckungen, unterdrückten Technologien und Wissenschaftlern, die verfolgt wurden, weil sie versuchten, die Welt zu befreien.

Ich spreche von niemand Geringerem als einem der Schüler von Nikola Tesla, **Otis T. Carr**, der ein Raumschiff entwarf und öffentlich vorführte, das mit freier Energie angetrieben wurde, von der Sonne angetrieben wurde und keinen Treibstoff benötigte. Sein Ziel war ehrgeizig: einen Flug zum Mond am 7. . Dezember 1959. Er hatte alles erreicht, außer einer Sache: die Erlaubnis einzuholen.

Zwei Wochen nach seinem letzten Testflug beschlagnahmten Bundesbeamte sein gesamtes Labor. Er wurde angeklagt, zum Schweigen gebracht und verurteilt. Sein „Verbrechen" bestand nicht darin, jemanden zu betrügen, sondern das globale

Energiesystem herauszufordern. Denn wenn die Menschheit Zugang zu freier Energie erhält, bricht die Kontrolle zusammen. Ohne Abhängigkeit gibt es keine Herrschaft. Und ohne Herrschaft erlischt das Machtspiel.

Das ist keine Theorie, sondern ein Muster. Das Gleiche geschah mit **Adam Trombly**, dem Erfinder des homopolaren Energiegenerators. Seine Erfindung konnte ganze Städte mit sauberem und kostenlosem Strom versorgen. Das Ergebnis? Hausdurchsuchungen, Sabotage, Morddrohungen und Vergiftungsversuche. Trotzdem entwickelte Trombly die Nullpunkt-Energietechnologie weiter und gilt heute als Pionier auf diesem Gebiet. Aber seine Arbeit wird, wie die so vieler anderer, niemals in den Schulen gelehrt.

Warum? Weil das System Freiheit nicht belohnt. Es unterdrückt sie. Denn ein Mensch mit freier Energie, mit Schwingungsgesundheit und echter Souveränität ... kann nicht mehr manipuliert oder programmiert werden.

Und hier kommen Sie wieder ins Spiel. Denn diese Informationen dienen nicht nur dazu, Sie zu empören, sondern Sie daran zu erinnern, dass dieselbe Kraft, die man zu unterdrücken versucht, in Ihnen lebt und Sie sie jederzeit nutzen können, wenn Sie sich dazu entschließen.

Das erinnert mich an **Viktor Frankl**, Psychiater und Überlebender der nationalsozialistischen Konzentrationslager, der eines der transformativsten Werke des 20. Jahrhunderts schrieb: „*...trotzdem Ja zum Leben sagen*". Inmitten des unmenschlichsten Grauens entdeckte Frankl eine Wahrheit, die ihm weder seine Peiniger noch Hunger oder Tod nehmen konnten: Die ultimative Freiheit des Menschen besteht darin, seine Haltung gegenüber allen Umständen selbst zu wählen.

Sie sperrten ihn ein, schlugen ihn, nahmen ihm alles weg ... außer seiner inneren Kraft. Und das ist es, was er uns offenbart: Auch wenn wir nicht immer wählen können, was uns widerfährt, können wir doch immer wählen, wie wir darauf reagieren. Das ist wahre Freiheit. Deshalb sagte Frankl, dass zwischen Reiz und Reaktion ein Raum liegt. Und in diesem Raum liegt unsere Wahlfreiheit. In unserer Wahl liegt unsere Entwicklung.

Was Carr, Trombly, Lazar, Royal Rife und so viele andere zu befreien versuchten, war nicht nur Technologie: Es war Bewusstsein. Es war die Möglichkeit, eine andere Realität zu wählen. Es war die Erinnerung daran, dass wir viel mehr sind als nur Wesen aus Fleisch und Blut. Und obwohl sie zensiert wurden, hinterließen sie Spuren. Was Sie damit machen, liegt bei Ihnen.

Freie Energie ist nicht nur ein technisches Konzept. Sie ist eine lebendige Metapher für die Seele, wenn sie sich von der Angst löst und sich mit dem Quantenfeld der Liebe verbindet. Alles, was Ihnen als unmöglich verkauft wurde – sich selbst heilen, sich befreien, fliegen, neue Realitäten erschaffen – ist das, wozu Ihre Seele gekommen ist.

Antigravitation existiert. Aber nicht nur draußen. Auch drinnen. Was als Nächstes kommt, bestätigt dies.

Und jetzt, da Sie es gesehen, gelesen und gespürt haben, gibt es kein Zurück mehr. Verbinden Sie die Teile. Aktivieren Sie Ihr Gedächtnis. Und machen Sie sich bereit ... denn was folgt, ist keine Information: Es ist Transformation.

*"Alles war schon immer vor unseren Augen.
Verborgen, nicht weil es unsichtbar war, sondern
weil es offensichtlich war."*

Viktor Stepanovich Grebennikov, ein sowjetischer Entomologe mit einer Leidenschaft für Insekten und die Geometrie des Lebens, entdeckte in der Natur selbst eine Technologie, die alles Bekannte in Frage stellte. Als er Insektenpanzer unter dem Mikroskop analysierte, bemerkte er eine geometrische Struktur, die so präzise, so rhythmisch und multidimensional war, dass sie von einer höheren Intelligenz entworfen zu sein schien.

Als er diese Strukturen stapelte, beobachtete er Phänomene, die die offizielle Wissenschaft nicht erklären konnte: schwebende Objekte, Antigravitationsfelder und Verzerrungen in der Raum-Zeit.

Die strukturelle Schwingung, die in diesen Schalen enthalten war, war mehr als nur Biologie. Es war ein Code. Es war Bewusstsein in Form. Es war lebendige Technologie, entworfen von der universellen Intelligenz, die alles existierende formt.

Inspiriert von seiner Entdeckung baute Grebennikov eine Antigravitationsplattform aus Hunderten dieser natürlichen Strukturen. Seinen Aufzeichnungen zufolge konnte das Gerät mit mehr als 1.000 km/h fliegen, ohne Geräusche, ohne Trägheit, ohne Widerstand... und ohne Schatten zu werfen. Während des Fluges wurde die Zeit verzerrt, der Körper spürte keinen Druck und das Schiff verschwand optisch.

Verwendete Grebennikov außerirdische Technologie? Oder griff er auf irdisches Wissen zurück, das uns seit Jahrtausenden verborgen geblieben war?

Parallelen zu alten Kulturen sind unvermeidlich. Der Käfer – der auf den von ihm verwendeten Schalen zu sehen ist – war für die Ägypter ein heiliges Symbol, das mit der Schöpfung, der Wiedergeburt und der Sonne in Verbindung gebracht wurde. Die Große Pyramide von Gizeh hat ihrerseits gezeigt, dass sie elektromagnetische Energie in ähnlicher Weise konzentriert und kanalisiert, wie Grebennikov es in seinen Experimenten beschrieben hat. Zufall oder Erinnerung?

> *„Das Wissen, das die Sterne bewegt, wohnt auch in den Flügeln eines Insekts. Das Universum verbirgt seine Geheimnisse nicht: Es offenbart sie denen, die es wagen, über das Offensichtliche hinauszuschauen."*

Grebennikov versuchte, seine Entdeckung zu teilen, aber sein Buch wurde zensiert, seine Bilder wurden entfernt und sein Name diskreditiert. Warum? Weil er, wenn er ohne Treibstoff fliegen kann, auch ohne Erlaubnis leben kann.

Die Geschichte von Grebennikov ist nicht nur ein kurioser Fall: Sie ist eine Einladung, sich daran zu erinnern, dass alles lebt, dass alles vibriert. Dass die Natur die Pläne für das enthält, was wir „Technologie" nennen, die aber in Wirklichkeit bewusste Manifestationen einer höheren Intelligenz sind, die uns zuflüstert: *„Alles ist in dir."*

Und deshalb wurde er zum Schweigen gebracht. Denn wenn man die heilige Geometrie mit der Materie verbindet, wenn man versteht, dass die Flügel eines Insekts und eine Pyramide denselben Gesetzen gehorchen, wenn man erkennt, dass es keine Trennung zwischen Wissenschaft und Geist gibt... dann erwacht man.

Grebennikov testet seine Erfindung.

Wie Grebennikov in seinen letzten Worten vor seinem Tod schrieb:

„Es gibt keine Mystik. Es ist einfach so, dass wir Menschen noch wenig über das Universum wissen, das, wie wir sehen, nicht immer unsere allzu menschlichen Regeln, Annahmen und Ordnungen akzeptiert."

AUSSERIRDISCHE IM TIEFSTEN SEE DER ERDE

Wenn man von UFOs spricht, schaut man normalerweise zum Himmel. Aber mehr als 65 % der registrierten Sichtungen stehen im Zusammenhang mit Wasser: Ozeane, tiefe Seen,

Gletscher. Wenn es einen Ort gibt, an dem sich das Unerklärliche zu konzentrieren scheint, dann ist es der Baikalsee in Sibirien, Russland.

Der Baikalsee ist nicht nur ein See. Er ist das größte und tiefste Süßwasserreservoir der Erde: Er enthält mehr als 20 % des Oberflächenwassers der Welt, ist fast zwei Kilometer tief, mehr als 25 Millionen Jahre alt und beherbergt Tausende einzigartiger Arten. Aber sein Geheimnis geht weit über das Biologische hinaus.

Bei einer in sowjetischen Archiven dokumentierten Militärmission tauchte eine Gruppe von Tauchern auf 50 Meter Tiefe und behauptete, fast drei Meter große humanoide Wesen gefunden zu haben, die silberne Anzüge und kugelförmige Helme trugen. Als sie versuchten, eines davon zu fangen, wurden sie von einer unsichtbaren Kraft gewaltsam an die Oberfläche geschleudert. Drei Soldaten kamen ums Leben. Der Vorfall wurde dokumentiert, aber nie offiziell dementiert. Er wurde lediglich … zu den Akten gelegt.

Der russische Historiker Alexey Tivanenko, Autor Tausender Publikationen, untersuchte diese Berichte jahrelang. Er sammelte Zeugenaussagen von Fischern und Dorfbewohnern, die behaupteten, diese „silbernen Schwimmer" gesehen zu haben, wie sie spielerisch aus dem Wasser sprangen, selbst in den kältesten Nächten, wenn die Temperatur kaum über drei Grad unter Null lag.

Im Jahr 2009 entdeckte die Internationale Raumstation perfekt symmetrische Kreise im Eis des Sees. Niemand konnte ihre Entstehung erklären. Es wurden Theorien über Methanemissionen, geothermische Wärme und magnetische Anomalien aufgestellt, aber keine davon erklärt, warum sie genau an Stellen auftreten, an denen es keine Aktivität geben sollte. Sie scheinen offene Türen aus der Tiefe zu sein.

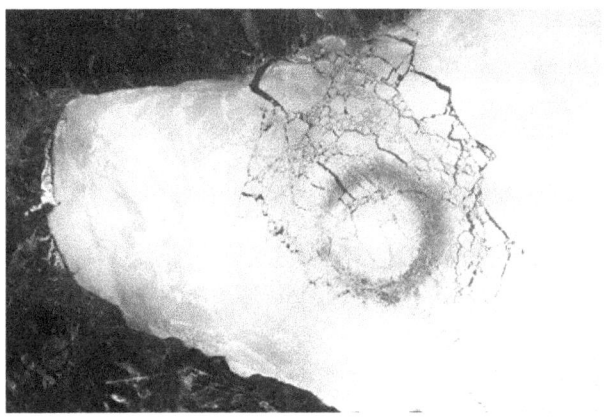

KREISFÖRMIGE LÖCHER IM BAIKALSEE.

Die sich daraus ergebende Möglichkeit ist nur dann beunruhigend, wenn wir weiterhin glauben, dass die Erde uns gehört. Was wäre, wenn diese Wesen nicht von außerhalb gekommen wären? Was wäre, wenn sie nie weggegangen wären? Was wäre, wenn sie schon immer hier gewesen wären, unter Wasser, und uns beobachtet hätten?

Sie müssen nicht daran glauben, damit es real ist. Sie müssen nur verstehen, warum es verschwiegen wurde. Wenn wir akzeptieren, dass es Unterwasserzivilisationen gibt, die eine uns unbekannte Technologie beherrschen, dann bricht das offizielle Narrativ von Evolution, Herrschaft und Fortschritt zusammen.

Denn die wahre Angst des Systems ist nicht, dass Sie an Außerirdische glauben, sondern dass Sie aufhören, an Ihre eigenen Grenzen zu glauben. An diejenigen, die Sie immer noch davon überzeugen wollen, dass Sie an die Nachrichten, Pandemien,

Impfstoffe, Aspirin, Inflation oder das, was andere sagen, gebunden sind.

Was aus dem Baikalsee auftaucht, ist nicht nur ein Rätsel: Es ist ein Zeichen. Eine Einladung, sich daran zu erinnern, dass das Tiefe immer da war. Nicht als Bedrohung, sondern als Wahrheit.

KLARE FOTOS VON OSNIS, DIE AUS DEM WASSER AUFTAUCHEN, WURDEN ZENSURIERT

Im März 1971 nahm ein U-Boot der US-Marine während einer geheimen Mission zwischen Island und der Insel Jan Mayen im Nordatlantik eine Reihe beeindruckender Bilder auf. Die Fotos zeigten metallische Objekte, die direkt aus dem Ozean auftauchten, mit einer Präzision und Symmetrie, die mit terrestrischer Technologie nicht zu erklären sind.

Was sagt uns das? Dass das Unglaubliche nicht nur geschehen ist ... sondern auch dokumentiert, archiviert und verschwiegen wurde. Während die Welt zum Himmel blickte, ereignete sich das Aufschlussreichste unter Wasser, fernab vom sozialen, kulturellen und wissenschaftlichen Radar.

Diese Bilder sind nicht nur visuelle Beweise. Sie sind die Bestätigung dessen, was viele alte Kulturen bereits ahnten: Die Wahrheit offenbart sich nicht lautstark, sie sickert zwischen den Schatten hindurch. Und wenn ein Bild das einfängt, was nicht gesehen werden sollte, wird es nicht zerstört. Es wird zensiert.

Ort, an dem sich die Insel befindet

Dieses Material wurde als vertraulich eingestuft und jahrzehntelang unter Verschluss gehalten.

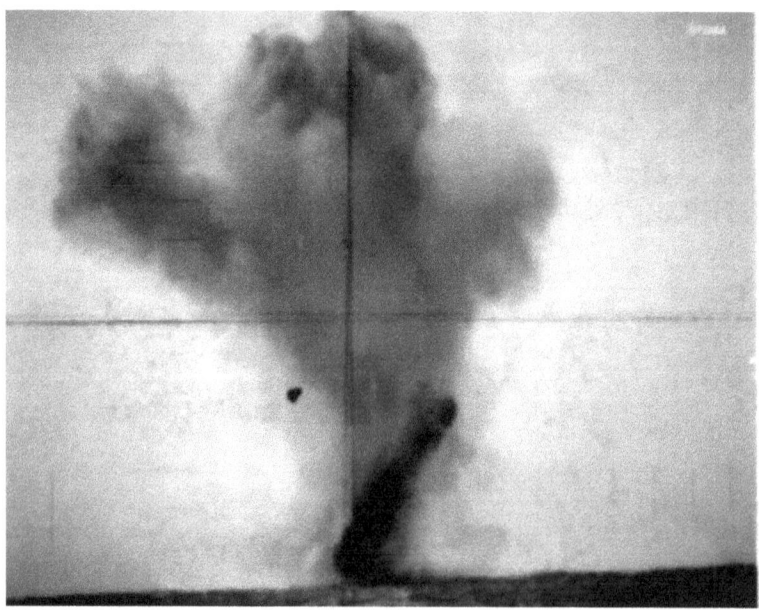

KENNEN DIE EINZIGE WAHRHEIT

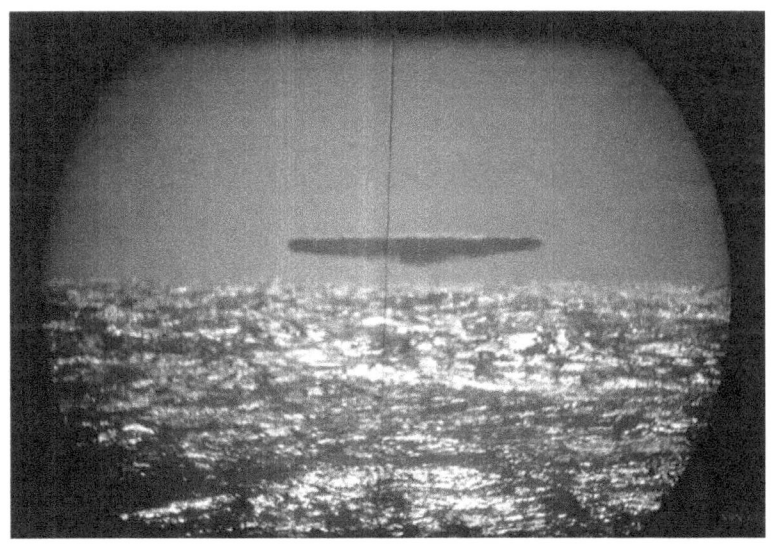

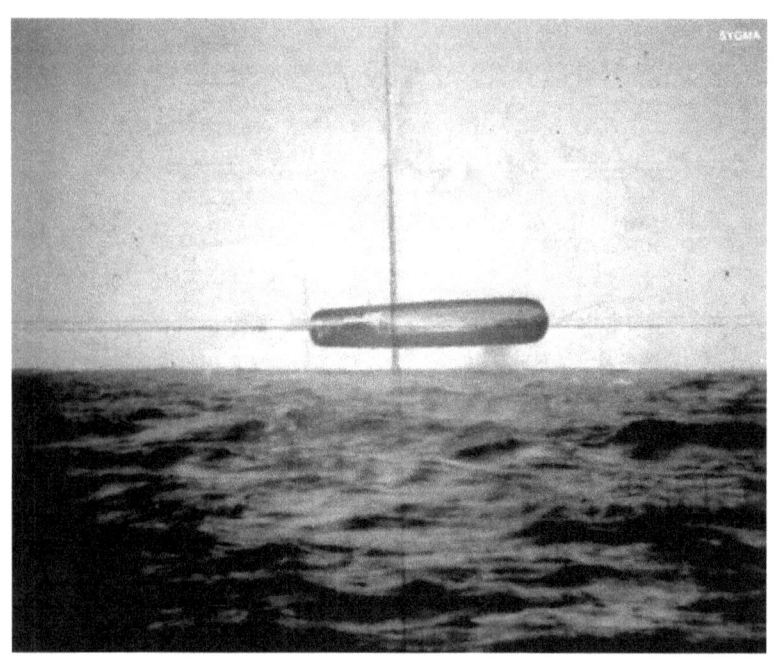

GOTT, DAS GÖTTLICHE UND DAS AUSSERIRDISCHE SIND MITEINANDER VERFLOCHTEN

Nach allem, was wir gesehen haben – Schiffe, die aus dem Wasser auftauchen, Kreise im Eis, die aus dem Weltraum entdeckt wurden, durchgesickerte Dokumente und Riesen, die in aktuellen Berichten immer wieder auftauchen – lautet die eigentliche Frage nicht *„Gibt es sie?"*, sondern: *Warum wird es weiterhin verschwiegen?*

Die Antwort lag schon immer vor unseren Augen.

Man muss sich nur die alten Werke ansehen: **die Madonna von San Giovanni**, **die Taufe Christi** oder **Le Livre des Bonnes Moeurs**.

Die Madonna von San Giovanni (1350): ein fliegendes Objekt über der rechten Schulter.

DIE TAUFE CHRISTI (AERT DE GELDER, 1710): EINE HIMMLISCHE GESTALT STRAHLT LICHT AUF JESUS AUS UND ÄHNELT DABEI AUFFALLEND EINEM MODERNEN UFO.

LINKS DAS BUCH DER GUTEN SITTEN (VON 1404) DES FRANZOSEN JACQUES LEGRAND, DAS EINE KUGEL ZEIGT, DIE MIT DER IDENTISCH IST, DIE 2025 IN BUGA, KOLUMBIEN, HERUNTERFIEL UND RECHTS ABGEBILDET IST.

Alle zeigen dasselbe: Kugeln, Lichter, himmlische Erscheinungen. Und das Interessanteste daran ist, dass genau diese Formen heute in realen Aufnahmen zu sehen sind. Gleiches Muster. Gleiches Design. Gleiches offizielles Schweigen.

Zufall? Nein. Es ist Kontinuität.

Die Geschichte ist zusammenhängend, nur wurde sie uns nie als Teil der Geschichte beigebracht. Warum? Weil das, was Sie über die Vergangenheit glauben, definiert, was Sie über sich selbst glauben. Wenn Sie akzeptieren, dass „die Götter" nur symbolische Geschichten waren, werden Sie sich niemals erlauben, Ihr wahres Potenzial zu aktivieren. Aber wenn anerkennt, dass das Göttliche, das Sternenhafte und das Heilige immer dasselbe waren, ändert sich alles.

Was wäre, wenn auch Sie ein Kanal dieser Energie wären, die von den Sternen kam? Was wäre, wenn Ihre DNA kein Zufall wäre, sondern eine Software, die darauf wartet, mit der richtigen Frequenz aktiviert zu werden?

Das ist keine Folklore. Das sind Informationen. Aber nicht, um sie zu sammeln, sondern um sie zu nutzen. Denn wenn alles Schwingung ist und niedrig schwingt, werden Sie nie sehen, was oben ist. Aber wenn Sie Ihren Zustand anheben, Ihre Umgebung reinigen und Ihr Bewusstsein schärfen, werden Sie beginnen, das wahrzunehmen, was schon immer da war, auch wenn Sie zuvor nicht darauf eingestellt waren.

Das ist das wahre Geheimnis der „Außerirdischen": Sie sind nicht draußen, sondern auf einer anderen Frequenz. Und Sie können darauf zugreifen, nicht mit Teleskopen oder Theorien, sondern mit Ihrer täglichen Schwingung.

Deshalb betone ich: Es geht nicht darum, zu glauben oder nicht zu glauben. *Es geht darum, sich zu erinnern.* Zu erkennen, dass die Geschichte geschrieben wurde, um uns klein zu machen, während die Wahrheit überall auftaucht, um uns zu erweitern.

Die Matrix wird nicht durch den Blick in den Himmel durchbrochen. Sie wird durchbrochen, indem man sich daran erinnert, wer sie träumt. Und das sind Sie.

DIE WAHRHEIT IST NICHT DRAUSSEN

Nach all dieser Reise – durch unmögliche Ruinen, riesige Fußspuren, unermessliche Pyramiden, verschwiegenen Geschichten und Unterwasser-Schiffe – wird eines unbestreitbar: Wir wissen fast nichts. Oder vielleicht doch ... aber man hat uns gelehrt, uns nicht daran zu erinnern, sodass wir, wenn die Wahrheit über absolut alles vor uns liegt, einfach zweifeln.

Ich habe nicht alle Antworten. Tatsächlich bin ich mir sicher, dass ich sie nicht habe. Aber es gibt etwas, dem wir nicht entkommen können: Die Beweise sind so zahlreich und so kohärent, dass es nicht mehr darum geht, zu glauben oder nicht zu glauben. Es geht darum, zu sehen. Mit Augen der Demut, der Verwunderung, mit Augen der Erinnerung zu sehen. Es geht darum, mit den Augen des Herzens zu sehen, mehr als mit denen des Verstandes.

Zu sehen, dass es Objekte am Himmel gibt. Objekte im Wasser. Objekte unter der Erde. Riesen, die unter uns lebten. Und Technologien, die den Lauf der Menschheit verändern könnten, aber systematisch unterdrückt wurden.

Der menschliche Verstand ist nicht dafür geschaffen, Dimensionen zu verstehen, die über seine Programmierung hinausgehen.

Aber die Seele ist dazu in der Lage. Und wenn etwas wahr ist, erkennt man es, auch wenn man es nicht versteht.

Das ist es, was Sie fühlen, wenn Sie diese Worte lesen. Es ist keine Logik, es ist Resonanz.

Vielleicht erscheint Ihnen das alles wie Science-Fiction. Aber was ist Science-Fiction anderes als die geleugnete Zukunft? Und was ist Wahrheit anderes als das, was man nicht verschweigen kann?

Wir sind spirituelle Wesen, die Menschsein spielen, keine Menschen, die nach Spiritualität suchen.

Und erst wenn Sie sich daran erinnern, beginnt sich das Leben von seinen Grenzen zu befreien. Wir beginnen, auf der aktiven Seite der Unendlichkeit zu spielen, wo Heilung, Transzendenz und die Erweiterung der Seele keine Ziele mehr sind: Sie sind unvermeidlich.

> *„Die Lampe im Verborgenen anzuzünden dient nicht nur dazu, zu sehen, was draußen ist. Es dient dazu, sich daran zu erinnern, was in Ihnen ist. Ihre DNA ist nicht menschlich: Sie ist göttlich, stellaren Ursprungs und multidimensional."*

Wir betreten nun die letzte Phase dieser Reise. Eine Phase, in der es nicht mehr darum geht, mit dem Verstand zu verstehen, sondern sich mit der Seele zu erinnern und mit dem Herzen zu fühlen. Wir werden die Matrix transzendieren. Wir werden unsere eigenen Gedanken und die Logik, die wir entwickelt haben, um im Spiel zu bleiben, transzendieren.

Ich weiß, dass es ein langer Weg war. Wenn Sie bis hierher gekommen sind und die Präsenz und Verantwortung bewahrt haben, die wir in Kapitel eins als Grundlage festgelegt haben, habe ich keinen Zweifel daran, dass sich Ihr Leben bereits völlig verändert hat.

Vielleicht haben Sie nur ein paar Stunden gebraucht, um an diesen Punkt des Buches zu gelangen. Vielleicht nehmen Sie es nach Wochen oder Monaten wieder zur Hand. Wie auch immer, es ist mutig, bis hierher zu kommen. Nicht jeder hat die Demut, seinen Schatten zu betrachten und sich der Realität dieser Welt zu stellen.

Deshalb möchte ich von Ihnen hören. Ich würde mich freuen, wenn Sie mir eine Nachricht auf Instagram schicken und mir erzählen, was Ihnen am schwersten gefallen ist loszulassen und welche Wahrheit Sie am meisten beeindruckt hat, die allein durch ihr Verständnis Ihren Blick auf das Leben erweitert und Sie stärker gemacht hat.

Ich überlasse Ihnen nun die letzte Etappe. Jetzt kommen wir zum Mächtigsten: der endgültigen Integration der Wahrheit und ihrem Ausdruck. Wir werden uns an alles erinnern.

KAPITEL 3

DIE MATRIX ÜBERWINDEN

DIE ABSOLUTE VEREINIGUNG

Zwei Seiten derselben Medaille. Das Ganze und das Nichts existieren und existieren gleichzeitig.

In diesem Kapitel werden wir die Grenzen des Verstandes überschreiten, denn hier brauchen Sie ihn nicht. Versuchen Sie nicht zu verstehen: Lassen Sie sich von der Fülle des Unverständnisses durchdringen und lassen Sie sich auf universelle Ebenen entführen, wo alles Sinn macht... und gleichzeitig nichts Sinn macht.

Wenn das Ganze eins ist und das Eine nichts ist, was sind Sie dann? Der gleiche Punkt, der das Ganze ausmacht, macht auch das Nichts aus; wenn man über beides spricht, taucht man ohne zu fragen in den Punkt des Gleichgewichts ein. Schauen wir uns das genauer an.

DIE GRENZEN UNSERER SINNE

Lassen Sie mich das näher erläutern: Wenn Sie beginnen, Raum-Zeit als „alles, was es gibt" zu begreifen... was ist dann dieses „Alles"? Wo ist es?

Verschiedenen Untersuchungen zufolge enthält dieses „Alles" nichts als leeren Raum. Wie manifestiert es sich dann in den Objekten, die wir sehen, und in der Realität, die wir uns vorstellen? Durch unsere *dreidimensionale Wahrnehmung* der Welt als Konstruktion von Formen und Objekten.

Wenn Sie darüber nachdenken, wissen Sie, dass dies ein Buch ist und dass es Informationen enthält, weil Sie schon einmal ein Buch gelesen haben oder jemand Ihnen gesagt hat, dass es so ist. Das Gleiche gilt für das Glas, in das Sie Wasser einschenken:

Sie heben es hoch und führen es zum Mund, weil Sie das in der Vergangenheit so gemacht haben. **Die Realität ist eine Konstruktion der Vergangenheit.**

Das Merkwürdigste daran ist, dass wir uns seit Jahrtausenden von dieser „Wahrheit" überzeugen lassen: zu glauben, dass das, was wir wahrnehmen, das Einzige ist, was es gibt, das Einzige, was real ist.

Aufgrund unseres Sehspektrums nehmen wir nur einen winzigen Teil der elektromagnetischen Wellen wahr, die im Kosmos existieren. Laut Dr. Karan Raj erfasst das menschliche Auge nur etwa **0,0035 %** der Realität.

Ja, Sie haben diese Zahl richtig gelesen: Wir erreichen nicht einmal 1 %.

Ich weiß nicht, was Sie gerade in Ihrem Glaubenssystem bewegt, aber als ich diese Zahl entdeckte, versetzte sie mich in einen Zustand der Demut, den ich zuvor noch nie erlebt hatte. Ich sagte mir: nicht mehr und nicht weniger, dass ich keine Ahnung von irgendetwas hatte. Dass alles, was ich jahrelang als wahr behauptet hatte, nur ein Bruchteil meiner Wahrnehmung war. Daher der Satz: *„Das wirklich Reale ist das, was man nicht sieht"*.

DAS PARADOX DER REALITÄT

„Die Realität hängt davon ab, worauf Sie Ihre Aufmerksamkeit richten, denn das Sichtbare ist nur der Schatten des Unsichtbaren. Alles ist da, aber Sie sehen nur das, worauf Sie vorbereitet sind."

Die Wahrheit liegt nicht in der Wahrnehmung, denn die Wahrheit umfasst alles. Dieses Buch zu schreiben war eine Herausforderung, bis ich es mit der Theorie des holografischen

Universums verbinden konnte, die uns daran erinnert, dass **der Teil auch das Ganze ausmacht.**

Wenn dem so ist, dachte ich, wird die einzige Wahrheit – ob sie nun von jedem Leser, der auf dieses Buch stößt, wahrgenommen wird oder nicht – weiterhin wahr bleiben, denn jeder ist, genau wie ich, ein kleiner Teil desselben Ganzen. Und Ende. Von da an gibt es keine Suche mehr und keine Notwendigkeit, etwas auszufüllen. Die Vorstellung, dass „etwas fehlt", verschwindet in einem Augenblick der Bewusstwerdung: Man hört auf *zu wahrzunehmen,* um zu **sehen**.

DER TEIL ENTHÄLT DAS GANZE

Dies bestätigt etwas Offensichtliches: Unsere Realität ist begrenzt oder besser gesagt *begrenzt* real. Nicht weil sie auf einer Ebene nicht existiert, sondern weil wir glauben, dass nur das real ist.

Das Verständnis, dass alles und nichts dasselbe sind, führt uns zu dem Punkt, der beides enthält: das Nichts und das Ganze, vereint in etwas.

Was ist dieses „Etwas"? In den nächsten Unterkapiteln werden wir verschiedene Punkte behandeln, die uns nicht zum Verstehen, sondern zum **Erinnern** dieses Etwas bringen können. Denn alles, was Sie draußen zu sehen glauben, musste zuvor drinnen gesehen worden sein.

> *„Wahres Sehen geschieht nicht mit den Augen. Es geschieht mit dem Bewusstsein."*

Gehen wir noch tiefer: Neben dem Sehen gibt es noch andere Sinne, die eine entscheidende Rolle bei der Konstruktion dessen spielen, was wir Realität nennen.

DIE MUSIK DER STERNE

Was wäre, wenn Steine nicht so schwer wären, wie wir glauben? Was wäre, wenn es Klänge gäbe, die man nicht nur hören, sondern die einen auch erheben könnten?

Man nannte es **akustische Levitation**. Aber abgesehen vom technischen Namen handelt es sich um etwas, das der Verstand nicht begreifen und das Herz nicht leugnen kann: Es gibt Frequenzen, die das Unbewegliche bewegen. Schwingungen, die Körper in der Luft schweben lassen, ohne dass sie von etwas Sichtbarem gehalten werden.

Das Beeindruckende daran ist nicht, dass dies geschieht. Das Beeindruckende daran ist, dass es schon immer geschehen ist.

Ganze Kulturen wussten davon. Antike Zivilisationen bauten Tempel, die wir heute selbst mit all unserer Technologie nicht mehr nachbauen könnten. Mit welcher Kraft haben sie das getan? Mit welchen Kränen? Vielleicht mit einer Kraft, die man nicht sehen kann.

Edward Leedskalnin, ein lettischer Bildhauer aus dem letzten Jahrhundert, hatte das verstanden. Er baute ganz allein einen ganzen Park aus über 30 Tonnen schweren Felsen. Ohne Hilfe. Ohne Maschinen. Und als man ihn fragte, wie er das gemacht habe, antwortete er etwas, das keine Antwort zu sein schien: *„Ich wusste, wie man sich auf die Musik der Sterne einstimmt."*

Wörtlich sagte er:

„Ich habe die Geheimnisse der Pyramiden entdeckt und herausgefunden, wie die Ägypter und die alten Baumeister in Peru, Yucatán und Asien mit nur primitiven Werkzeugen Steinblöcke mit einem Gewicht von vielen Tonnen aufgerichtet und platziert haben."

Er sang im Chor. Die Felsen bewegten sich. Seine Nachbarn sahen es. Die Wissenschaft ignorierte es.

Das Gleiche geschah in Tibet, wo eine Gruppe von Mönchen Hörner und Trommeln benutzte, um Steine schweben zu lassen. Ein schwedischer Arzt war Zeuge des Rituals, nahm es auf und als er nach Europa zurückkehrte ... verschwand das Material. Wieder einmal wurde das Geheimnis unter dem Teppich des „Rationalen" begraben.

Die Frage ist nicht, ob dies real ist. Die Frage ist: Warum fällt es uns so schwer, daran zu glauben?

Vielleicht, weil all dies die Vorstellung in Frage stellt, dass die Welt durch rohe Gewalt bewegt wird. Vielleicht, weil es uns daran erinnert, dass es nicht notwendig ist, zu drücken, um die Form zu verändern... es reicht aus, anders zu schwingen.

Und wenn diese Steine sich durch Klang erheben konnten... welcher Teil von Ihnen könnte sich ebenfalls erheben, wenn Sie sich auf eine andere Frequenz einstimmen würden?

Aber was bringt es, von schwebenden Steinen oder Bildhauern zu sprechen, die mit ihrer Stimme Tonnen bewegten?

Weil wir uns damit in eine für das Ego nicht wahrnehmbare Realität begeben. Etwas, das die moderne Welt leugnet, das aber die alten Kulturen sehr gut verstanden haben: Das Wirkliche ist nicht immer sichtbar. Und das, was nicht sichtbar ist, ist das, was alles, was wir „physische Realität" nennen, zusammenhält.

Wie kann man also eine Realität verstehen, die man weder sehen noch begreifen kann? Der Vorschlag ist derselbe wie am Anfang: **Versuchen Sie nicht zu verstehen**. **Fühlen Sie**. Dieses Kapitel ist dazu da, um gefühlt und nicht erklärt zu werden.

EINE UNENDLICHE MENTALITÄT FREISETZEN

Alles vibriert. Alles bewegt sich. Alles ist miteinander verbunden. Was wir über akustische Levitation gesehen haben, erklärt nichts anderes als das, was Sie und ich die ganze Zeit über erleben: die energetische Schwingung und die unsichtbare Verbundenheit aller Dinge.

Das Wunderbare daran ist, dass unser Geist als Teil eines Ganzen unendlich wird. Unendlich in seinen Möglichkeiten.

„Wir können alles sein, tun und haben, was wir glauben, dass wir sein, tun und haben können."

DIE ERFAHRUNG MITGESTALTEN

Das Verständnis, dass Sie einen unendlichen Geist besitzen, öffnet Ihnen die Tür zu einer Welt ohne Grenzen. Eine Welt mit unendlichen Möglichkeiten, das Geschehen zu betrachten... oder das zu erschaffen, was Sie sich wünschen.

Auf einer Ebene der Trennung geschehen die Dinge einfach.

Auf der Ebene der Einheit geschieht alles, was Sie sind, gleichzeitig und zu jeder Zeit, denn es gibt keine wirkliche Trennung. Diese Trennung ist eine mentale Schöpfung, die Ihnen seit Ihrer Kindheit beigebracht wurde. Das ist die Matrix: Sie lehrt Sie, zu trennen, zu etikettieren, zu klassifizieren... anstatt zu integrieren, was Ihnen tatsächlich die Kraft zurückgibt, die Ihnen schon immer gehört hat: *zu erschaffen*.

SIE HABEN DIESES BUCH GESCHRIEBEN

Lassen Sie uns das ein wenig auf den Boden der Tatsachen zurückholen: Dass Sie ein Buch lesen, um „die einzige Wahrheit" zu erfahren, war eine von vielen Möglichkeiten, die im Universum existierten.

Aus meiner Sicht habe ich dieses Buch geschrieben. Aber in Wahrheit mussten Sie dieses Ereignis erschaffen, damit Sie es lesen können. Ich kannte Sie nicht und wusste auch nicht, dass es einen Leser geben würde, der sich mit dieser Botschaft identifizieren würde. Bei der Wahl des Buchtitels habe ich aus unendlichen Möglichkeiten ausgewählt, die alle gültig und potenziell real waren.

Die Erkenntnis ist einfach: **Wir alle erschaffen ständig, während sich alles selbst erschafft**. Es ist das Nichts, das sich mit dem Ganzen verbindet. Oder das Ganze, das sich im Nichts selbst manifestiert.

ALLES, WAS SIE SEHEN, HÄNGT VON IHNEN AB

Dies ist das, was Wissenschaftler als Wellen- oder Teilchenverhalten in der Energie bezeichnet haben: Ihre Manifestation hängt davon ab, wer sie beobachtet.

Deshalb kann dieses Buch für Sie zutiefst aufschlussreich sein und die ganze Wahrheit enthalten... während es für jemand anderen nutzlos, falsch oder sogar gefährlich sein kann.

Wer hat Recht? Beide. Keiner. Denn alles hängt vom Betrachter ab.

Aus meiner Sicht enthält dieses Buch die ganze Wahrheit, denn Sie sind bereits die ganze Wahrheit, die es gibt. In einem unvollständigen Geist wird dieses Buch unvollständig sein. In einem Geist, der für das Ganze offen ist, wird es ein Schlüssel sein. Das Wunderbare am Ganzen ist, dass jeder Teil das Ganze repräsentiert, und deshalb wird Expansion unvermeidlich, wenn wir diese Wahrheit in unser Leben und unseren Alltag integrieren.

> *„Das Universum ist nicht außerhalb von Ihnen: Sie sind ein vollständiges Abbild des Ganzen, enthalten in einer einzigen Zelle Ihrer Unendlichkeit."*

NICHT ALLES ZU WISSEN BEDEUTET, SICH AN ALLES ZU ERINNERN

Um die Wahrheit zu verstehen, muss man nicht alles wissen. Es reicht, nichts zu wissen. Oder besser noch: aufzuhören zu glauben, dass wir etwas wissen müssen, und uns zu erlauben, uns als Teil der Wahrheit selbst zu betrachten... und sie dann zu leben.

Wenn Sie es bemerken, ist dies dieselbe Wahrheit, die ich am Anfang des Buches geteilt habe: Damit all dies einen Sinn ergibt, müssen Sie demütig bleiben und sich in einem ständigen *„Ich weiß nicht"* befinden. Das ist es, was jemanden wirklich weise macht: zu erkennen, dass er absolut nichts weiß.

Wie aktiviert man den unendlichen Geist? Indem man aufhört, wie ein Mensch zu denken.

Erinnern Sie sich? *„Spirituelle Wesen in einer menschlichen Erfahrung."* Aber wenn Sie nicht jeden Tag den Schleier vor Ihren Augen lüften, werden Sie weiterhin glauben, dass nur das real ist, was Sie berühren, fühlen, hören oder wahrnehmen können.

Wenn wir unser Selbstverständnis erweitern, beginnen wir, uns mit der Unendlichkeit zu verbinden und erkennen die Ewigkeit unseres Wesens. Nur so können wir einem Leben aus einer unendlichen Mentalität Platz machen: ohne Zeit, ohne Raum, ohne Grenzen.

Es geht darum, dem Fühlen aus dem Herzen mehr Raum zu geben als dem Denken aus dem Ego heraus.

SCHATTEN DER REALITÄT

Wie wir zu Beginn dieses Kapitels erwähnt haben, beträgt unsere Sehfähigkeit auf spektraler Ebene nicht einmal **0,1 %**. Bestätigt dies nicht alles, was wir in diesem Buch dargelegt haben?

Wir sind in unserer Art, den gesamten Kosmos zu betrachten und zu begreifen, sehr eingeschränkt. Tatsächlich geht das, was das Universum umfasst, weit über alle unsere Sinne hinaus. Es ist eine Herausforderung, die enorme Menge an Dingen zu ermessen, die wir nicht wahrnehmen können. Betrachten wir dies einmal anschaulich.

Auf YouTube gibt es ein Video mit dem Titel „*Vergleich von Sternen*", das ich Ihnen empfehle, sich so bald wie möglich anzusehen. Im Folgenden werde ich nur einige Bilder zeigen, damit Sie weiterlesen können, ohne den Kontext zu verlassen, aber schauen Sie es sich wirklich an:

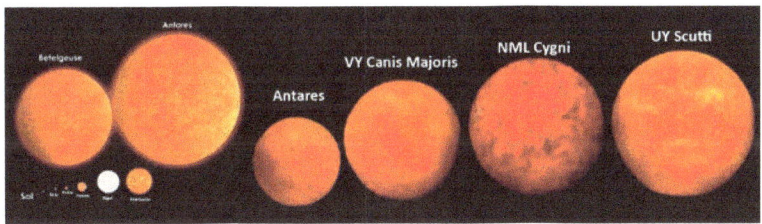

VERGLEICHSBILD EINIGER DER GRÖSSTEN BEKANNTEN STERNE IM VERGLEICH ZU UNSERER SONNE

Selbst die Sonne, die **1.294.000 Mal größer** ist **als die Erde**, erscheint winzig – fast nicht existent – im Vergleich zu einigen der größten Sterne, die wir kennen. Und dennoch sind das nicht die größten. Im universellen Maßstab existieren sowohl die Sonne als auch die Erde praktisch nicht. Nun ... stellen Sie sich uns beide in diesem Verhältnis vor. Für manche wäre es ein Witz, den sie nicht lustig finden würden, sich das vorzustellen.

Ist es unter diesem Vergleich nicht logisch anzunehmen, dass es da draußen Raumschiffe und sogar Wesen gibt, die viel größer sind als wir? Vielleicht Dutzende oder Hunderte Male größer.

Sehen Sie sich dieses Bild an:

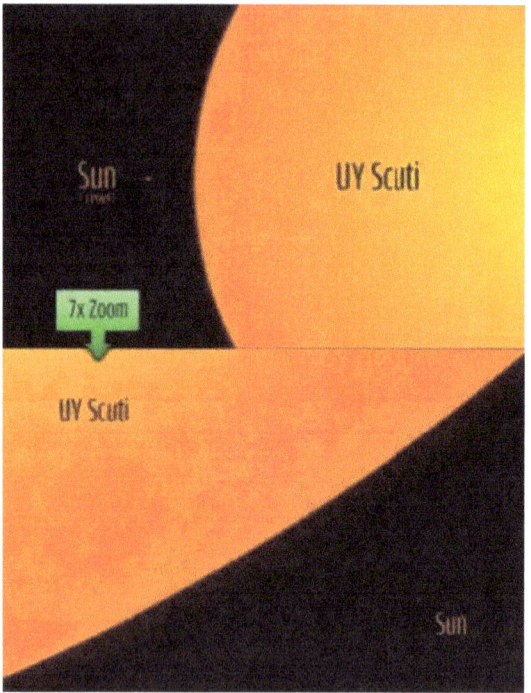

Die Sonne im Vergleich zu UY Scut

Dieser Stern ist einer der größten Sterne unserer Galaxie. Und ich betone: *nur* in unserer Galaxie.

KENNEN DIE EINZIGE WAHRHEIT

Wenn Sie also noch Ihren Schädel haben, der Ihr Gehirn zusammenhält, halten Sie ihn fest... denn bei den folgenden Bildern könnte er Ihnen entgleiten.

Erinnern Sie sich, als wir über die 0,0035 % Wahrnehmung gesprochen haben? Nun, was Sie gerade lesen, ist Teil der anderen **99,9965 %**, die schon immer da waren und darauf gewartet haben, erkannt zu werden.

Dies ist das bisher **beobachtbare Universum**. Der rote Kreis markiert den Galaxienhaufen namens **Laniakea**.

Innerhalb von Laniakea befinden sich mehr als **100.000 Galaxien**, darunter auch die Milchstraße.

Und hier, in dieser Milchstraße, markiert ein weißer Punkt unser Sonnensystem. Eine Galaxie mit einer geschätzten Masse von 10 hoch 12 Sonnenmassen.

Von dort aus steigen wir hinab: vom Sonnensystem zum Planeten Erde, von der Erde zu Ihrem Land, von Ihrem Land zu Ihrer Stadt, von Ihrer Stadt zu Ihrem Stadtteil, von Ihrem Stadtteil zu Ihrer Straße… und schließlich zu Ihrem Haus.

An dieser Stelle sollten Sie innehalten und durchatmen.

Ich weiß, dass dieses Buch leicht zu lesen ist, weil Sie sich für diese Themen begeistern, aber verschließen Sie sich nicht. Teilen Sie es mit anderen. Sprechen Sie darüber. Lassen Sie die Wahrheit nicht stagnieren. Durchbrechen Sie die Matrix mit Ihrer Stimme.

Wenn wir verstehen, an welchem Punkt des Universums wir stehen, ergibt alles einen Sinn ... und gleichzeitig ergibt nichts einen Sinn. Denken Sie darüber nach: Wenn Sie und ich auf galaktischer Ebene praktisch nicht existent sind, warum sollte es dann nicht Planeten geben, die hundertmal größer sind, mit Wesen, die 15, 20 oder sogar 100 Meter groß sind? Oder Raumschiffe, die unsere Wolkenkratzer wie Spielzeug aussehen lassen?

Das mag absurd klingen, wenn man es als isolierte Idee betrachtet. Aber erscheint es Ihnen angesichts des gesamten Kontextes immer noch unmöglich? Wenn Sie nichts, aber gleichzeitig Teil des Ganzen sind... was wäre dann für Sie nicht möglich zu sein, zu tun oder zu haben?

DIE WAHRHEIT IST BEREITS IN IHNEN

Jetzt wissen Sie es. Sie leben es. Und damit sich diese Wahrheit ausbreiten kann – und Sie mit ihr –, ist es Ihre Aufgabe, sie zu teilen.

Um die Wahrheit zu erkennen, reicht es aus, zu leben. Und um zu lernen zu leben, haben Sie das gesamte erste Kapitel dieses Buches. Die Seele beginnt zu leben, wenn Sie aufhören, sich treiben zu lassen, und die Verantwortung dafür übernehmen, lebendig zu sein.

Jetzt gehen wir weiter. Denn es gibt noch etwas anderes. Etwas, das über allem und jedem steht. Etwas, das weder Raum noch Zeit noch Materie kennt. Etwas, das Sie mit Ihrem Ego niemals verstehen können... aber das ist das Einzige, was Sie am Leben hält.

Ich werde Ihnen die Wahrheit über **Gott** erzählen, aus einer Perspektive, die Sie vielleicht noch nie in Betracht gezogen haben. Wir werden ein für alle Mal das Nichts und das Alles miteinander verbinden.

DIE WAHRHEIT ÜBER GOTT

Ab diesem Punkt sind Worte keine Erklärungen mehr, sondern Schlüssel. Was Sie gleich lesen werden, kann man nicht mit dem Verstand verstehen... man erkennt es mit der Seele. Und wenn Sie etwas nicht verstehen, macht das nichts, denn Sie sind nicht hierher gekommen, um zu verstehen: Sie sind gekommen, um sich zu erinnern. Wenn etwas in Ihnen vibriert, auch wenn Sie nicht wissen warum, dann deshalb, weil Sie es bereits wussten. Sie hatten es nur vergessen.

In unserem freien Willen haben wir die Fähigkeit zu entscheiden. Aber ob wir es hören oder nicht, ob wir es sehen oder nicht, ob wir es fühlen oder nicht, Gott ist immer da. Und denken Sie nicht an Ihn als etwas, das man denken kann: Das ist nicht möglich. Ich wiederhole: Der Versuch, sich mit diesen Worten aus dem rationalen Verstand heraus zu verbinden, würde dessen Zerstörung bedeuten. Was Sie hier lesen, mag Ihnen verrückt erscheinen, und Sie haben alle Freiheit, das so zu empfinden. Aber sagen Sie mir: Glauben Sie, ich hätte dieses Buch schreiben können, wenn Sie es nicht lesen würden? Wenn Sie mit Ja antworten, woher wissen Sie dann, dass es dieses Buch gibt? Und wenn es nicht existieren würde, wie hätte ich es dann schreiben können? In diesem Paradox liegt die Spur Gottes.

NICHTS IST ZUFÄLLIG

Alle Prozesse, die in der Welt stattfinden, sind das Ergebnis unseres unendlichen Geistes. Nichts geschieht „einfach so" oder zufällig . Es gibt immer etwas Vorheriges, das es stützt. Dieses Vorherige können wir Gott, Synchronizität, unendliche Intelligenz, Göttlichkeit nennen.

Anfangs fand ich es passender, es „das Universum", „die Energie", „das Leben" zu nennen, weil ich „Gott" lange Zeit mit der starren Figur assoziierte, die uns das Christentum verkauft hat, da ich in dieser Kultur geboren wurde. Aber Sie wissen ja: Es gibt mehr als zweitausend bekannte Religionen, und letztendlich erfindet jeder Mensch seine eigene. Denn es gibt nicht nur eine einzige Sichtweise auf die Dinge.

Ja, es ist seltsam, dass jemand, der ein Buch mit *dem Titel „Die einzige Wahrheit"* geschrieben hat, das sagt. Genau darin liegt der Schlüssel zu dieser Begegnung: Sie lesen *„Die einzige Wahrheit"*, ich glaube, ich schreibe sie. Sie denken, diese Wahrheit sei meine; ich glaube, dass Sie es sind, der sie entdecken kann.

Wir sind nur Teil desselben geteilten Gedankens, weil wir immer noch glauben, dass uns da draußen jemand zuhört oder dass es jemanden gibt, dem wir zuhören können. Ich habe es geschaffen, damit Sie dieses Buch lesen, obwohl ich es im Grunde genommen für mich selbst geschrieben habe.

Was ist der Unterschied zwischen Ihnen und mir? Viele? Vielleicht. Und nun noch einmal: Was ist der Unterschied zwischen Ihnen und mir? Eigentlich keiner.

Wir sind zwei getrennte Tropfen, die glauben, dass sie nicht Teil des riesigen Ozeans sind, der sie trägt. So spielen wir dieses Spiel die meiste Zeit.

Der Gedanke, der die Frage hervorruft, birgt auch die Antwort, denn beide existieren bereits im Gedanken. Alles ist eng miteinander verbunden. Gedanken werden gehört und hallen für alle Ewigkeit in der unendlichen Quelle des Bewusstseins wider, zu der wir alle gehören.

Dieses Bewusstsein, diese Allmacht, ist Gott. Das, was wir nicht verstehen, was wir nicht begreifen, was wir fühlen. Das, was uns jeden Tag die Augen öffnen lässt, ohne dass wir wissen wie, das, was uns einschlafen lässt, ohne dass wir es merken. Diese unmerkliche Verbindung, die alles zusammenhält.

Nachdem ich lange Zeit verschiedene Versionen über Gott und die Existenz gehört hatte, gelangte ich schließlich zu einer soliden Grundlage für die Schöpfung. Ich wollte immer wissen, was hinter dem Alles und dem Nichts steckt und was sie verbindet. Und dann entdeckte ich einen neuen Anfang, den Anfang, der offenbart, dass...

DIE WELT AUS SCHWINGUNG ENTSTAND

Und diese Schwingung ist reiner Klang. Vielleicht betrachten sich viele, die diese Seiten lesen, als Atheisten, und vielleicht haben andere das Gefühl, dass es etwas jenseits davon gibt, das sich nicht erklären lässt. Wo auch immer Sie sich befinden, wenn Sie dies lesen, geht das Folgende weit über das hinaus, was Sie jemals unter dem Wort „Gott" verstanden haben.

„Alles wurde durch eine ursprüngliche Frequenz erschaffen. Eine vibrierende Absicht, eine ordnende Energie, ein schöpferischer Impuls."

Wir werden tief in Ihr Innerstes vordringen. Ich halte dies für notwendig, um ein klares Bewusstsein zu schaffen, das es Ihnen von nun an ermöglicht, das Spiel des Lebens auf einer anderen Ebene weiterzuspielen. Wir haben bereits über viele mehr oder weniger kontroverse Themen gesprochen, aber wenn Sie es schaffen, das zu fühlen, was dieser Teil enthält, wird alles zuvor Gelesene nur noch eine Ergänzung Ihrer eigenen Existenz sein.

Sie werden sehen, dass Sie nicht mehr suchen müssen, dass es keine Wahrheit außerhalb von Ihnen gibt und dass Sie nicht mehr nach Antworten suchen müssen. Dieser letzte Teil könnte ein ganzes Buch füllen, aber eines von denen, die nur wenige Seiten brauchen, um das Wesentliche zu offenbaren, denn es kommt ein Punkt, an dem Worte überflüssig werden.

Ich sage nur eines: Je weniger Sie mit Ihrem Verstand verstehen, was Sie hier lesen, desto mehr haben Sie verstanden... denn diese Botschaft kommt nicht von mir zu Ihnen, sondern von Ihnen selbst zu Ihnen selbst.

Öffnen wir also ein paar Türen der Realität, die diese Welt stützt.

Tür 1: Der Klang als Formgeber

Erik Larson hat eine Maschine entwickelt, mit der man Klang „sehen" kann. Ja, mit den Augen sehen, was man normalerweise nur hört. Dieses Gerät, bekannt als Cymascopio, nutzt Wasser und Schwingungen, um zu zeigen, wie jeder Klang eine Form erzeugt. Als würde jede Musiknote ein unsichtbares Mandala im Wasser zeichnen. Es sieht aus wie Zauberei, ist aber Wissenschaft: Klang hinterlässt Spuren, auch wenn man sie nicht sieht.

Hier sind einige der mit dem Cymascopium aufgenommenen Bilder:

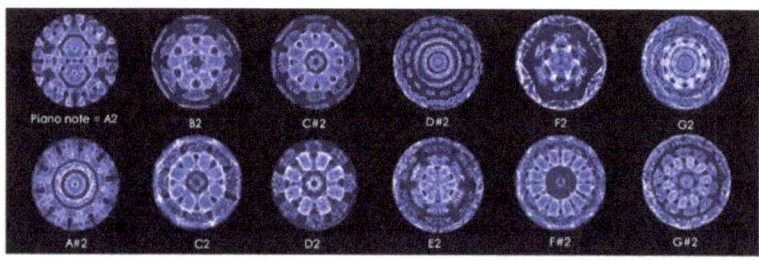

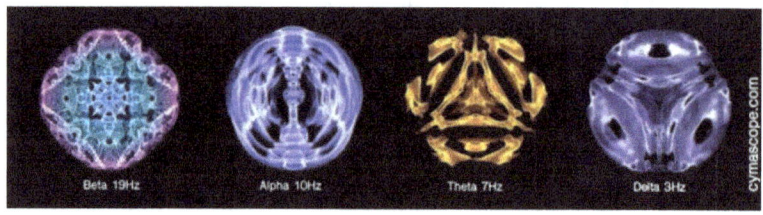

Das Cymascopio erzeugt keine Töne, es macht sie sichtbar. Es funktioniert wie ein Übersetzer, der das Unsichtbare sichtbar macht und Muster hinterlässt, die wie von Musik gemalte Bilder aussehen. Dies wird als „sichtbare Musik" bezeichnet, weil man buchstäblich sehen kann, wie sie klingt.

Und wenn es Ihnen immer noch schwerfällt, sich vorzustellen, wie eine Schwingung Materie entstehen lassen kann, denken Sie einfach an einen der ältesten Texte, die die Menschheit bewahrt hat:

„Es werde Licht, und es ward Licht ..." (Genesis 1:3)

Das Licht entstand nicht zufällig: Es entstand, weil es ausgesprochen wurde. Der Klang rief es hervor. Und dieses Muster durchdringt alles: Was man benennt, wird aktiviert, was vibriert, manifestiert sich.

In einem weiteren Beispiel des Cymascopes wurde die menschliche Stimme projiziert, und ich empfehle, sich dieses Video auf der offiziellen Website (Cymascope.com) anzusehen. Dort kann man beobachten, wie die Stimme selbst schöpferische Kraft hat, genauso wie jeder Gedanke, den wir hegen. Deshalb verändert das Bewusstsein unserer Gedanken direkt unsere Energie.

Es wird sogar angenommen, dass einige der vom Cymascope erzeugten Formen religiöse Symbole wie das **koptische Kreuz** oder das **keltische Kreuz** inspiriert haben.

Koptisches Kreuz und keltisches Kreuz

Der innere Kreis dieser Darstellungen zeigt deutlich, dass die Menschen der Antike wussten, dass die Quelle der Schöpfung der Klang selbst war, und sie nutzten ihn in ihren symbolischen und spirituellen Systemen.

Die Kraft des Klangs ist so offensichtlich, dass sie es **Royal Raymond Rife** ermöglichte, Krebspatienten zu heilen, genauso wie sie – wie wir bereits untersucht haben – den Bau vieler Megalithbauten ermöglicht haben dürfte, die Architekten und Ingenieure bis heute vor Rätsel stellen.

Wenn Klang perfekte Muster im Wasser bilden kann ... stellen Sie sich vor, was er in Ihrem eigenen Körper bewirkt, der zum größten Teil aus Wasser besteht.

Jedes Wort, das Sie aussprechen, formt Ihr Energiefeld. Jede Emotion, die Sie verspüren, jeder Gedanke, den Sie wiederholen, formt Ihre Realität mit mathematischer Präzision.

Sie geben nicht nur Töne von sich: **Sie sind Klang in Bewegung**.

Dieses Prinzip ist nicht theoretisch. Es ist praktisch. Es ist alltäglich. Und deshalb ist es heilig.

Die Alten wussten das. Sie wandten es in ihrer Architektur, ihren Symbolen, ihren Gesängen, ihren Sprachen an. Heute haben wir das vergessen, aber es reicht, wieder auf das Unsichtbare zu schauen, um uns daran zu erinnern.

Die Frage, die bleibt, ist einfach:

Welche Frequenz erzeugen Sie mit Ihrer Stimme, Ihren Gedanken und Ihrer Präsenz? Denn wenn Sie sich nicht bewusst dafür entscheiden, entscheidet sich jemand anderes für Sie.

Und nicht nur das. Wenn Sie keine Verantwortung dafür übernehmen, was Sie in Ihr Energiefeld lassen – was Sie hören, was Sie sehen, was Sie konsumieren –, werden Sie sich weiterhin programmieren, ohne überhaupt zu merken, warum Sie so sind, wie Sie sind, warum Sie denken, was Sie denken, oder warum Sie haben, was Sie haben. Das Kurioseste daran ist, dass 98 % der Menschheit immer noch glauben, dass ihre Gedanken ihre eigenen sind.

Die Wahrheit ist eine andere: Wenn Sie in einer Umgebung leben, in der Süßes die Norm ist, entsteht Ihr Verlangen nach Eiscreme nicht aus Ihrem „persönlichen Geschmack", sondern aus der ständigen Programmierung, die Zucker als Belohnung oder Genuss normalisiert hat. Wenn sich alle in Ihrer Arbeit beschweren, über Krisen sprechen und wiederholen, dass „das Leben hart ist", glauben Sie vielleicht, dass Ihre Gedanken der Knappheit Ihre eigenen sind... obwohl sie in Wirklichkeit Echos Ihrer Umgebung sind. Wenn in Ihren Beziehungen Manipulation, Abhängigkeit oder Drama die Regel sind, sind Ihre Vorstellungen von Liebe nicht frei, sondern ererbte Muster.

Und das offensichtlichste Beispiel dafür haben Sie jeden Tag vor Augen: die sozialen Netzwerke. Es reicht, sich den Instagram- oder TikTok-Feed einer beliebigen Person anzusehen, um zu wissen, worauf sie steht, was sie sich wünscht und was sie beeinflusst. Wenn Sie sich mit leeren Inhalten, Tänzen, protzigem Konsum oder Kontroversen umgeben, programmiert das Ihren Geist. Es sind nicht einfach nur Videos: Es sind Mikrodosen der Programmierung, die Ihre Wünsche, Ihre Überzeugungen und sogar das, was Sie für Ihr Leben für möglich halten, formen.

Es geht also nicht nur darum, was Sie sagen. Es geht darum, was Sie empfangen, was Sie akzeptieren und was Sie täglich konsumieren. Ihr Energiefeld formt Ihre Realität mit mathematischer Präzision. Wenn Sie sich nicht bewusst dafür entscheiden, entscheidet sich jemand anderes für Sie.

Tor 2: Wasser, der Spiegel Gottes in Ihnen

Denken Sie einmal darüber nach: Wenn Sie ins Meer, in einen Fluss oder unter eine heiße Dusche steigen, kommt etwas in Ordnung. Der Geist kommt zur Ruhe. Die Klarheit steigt. Ideen kommen. Der Körper kehrt nach Hause zurück. Das ist kein Zufall. Wasser reinigt nicht nur, es stellt auch den Kanal wieder her. Und dieser Kanal sind Sie.

Wenn Klang das Werkzeug der Schöpfung ist, dann ist Wasser das reinste Material, um ihn aufzunehmen. Und Sie sind Wasser. Nicht metaphorisch, sondern wörtlich. Ihr physischer Körper besteht zu mehr als 70 % aus Wasser. Und wenn wir Moleküle zählen, sind 99 % dessen, woraus Sie bestehen, ebenfalls Wasser. Aber dieses Wasser ist nicht zufällig da: Es wartet auf Befehle. Befehle, die Sie mit Ihrem Wort, Ihrer Emotion, Ihrem Gedanken und Ihrer Absicht geben.

Jedes Mal, wenn Sie etwas sagen, etwas fühlen oder etwas glauben, informieren Sie das Wasser, das in Ihnen wohnt. Und dieses Wasser speichert Erinnerungen, überträgt Schwingungen und strukturiert Ihre Energie. Wenn Sie also Musik hören, beten, etwas bekräftigen oder fluchen, tun Sie nichts Symbolisches: Sie programmieren Ihre Schwingungsbiologie in Echtzeit neu.

Ist Ihnen schon einmal aufgefallen, dass Ihnen Ihre besten Ideen unter der Dusche, am Strand oder im Regen kommen? Jetzt verstehen Sie warum. Wasser lockert die Kontrolle. Es reduziert die mentalen Wellen. Es stimmt sich auf Ihr Wesen ein. In diesem Zustand innerer Kohärenz erscheint das Wahre ohne Widerstand. Es ist nicht so, dass das Wasser Ihnen Antworten gibt: Es ermöglicht Ihnen, sich an sie zu erinnern.

Die Natur schwingt mit einer Grundfrequenz von 432 Hz. Es ist dieselbe Frequenz, die in den Klängen des Windes, in Wasserfällen und im Herzschlag eines ruhigen Herzens mitschwingt. Diese Frequenz – wenn Sie sie hören, singen oder einfach nur in ihr leben – bringt Sie in Einklang mit dem ursprünglichen Puls des Lebens. Was die Religion Gott nennt, was die Physik Kohärenz nennt, was Ihre Seele als Zuhause erkennt.

Wenn Sie aus Wasser bestehen und Wasser auf Schwingungen reagiert, dann ist es kein Geheimnis: Jedes Wort, das Sie aussprechen, jede Absicht, die Sie hegen, formt Ihren Körper, Ihr Feld, Ihren Tag und Ihr Schicksal.

„Das Universum hört Ihnen nicht zu, wenn Sie schreien. Es hört Ihnen zu, wenn Sie schwingen. Und jedes Mal, wenn Sie mit Wahrheit schwingen, weiß das Wasser in Ihnen es. Und es erschafft."

Tor 3: Das Elektron ist keine Materie, es ist Schwingung

Sehen Sie sich dieses Bild an:

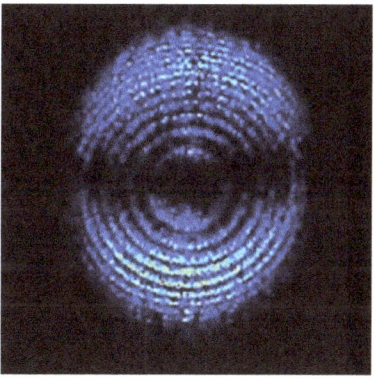

IONISIERTE ELEKTRONEN IN VERSCHIEDENEN LICHTPHASEN.
BILD AUFGENOMMEN VON J. MAURITSSON ET AL., 2008.

Auf den ersten Blick sieht es wie ein Foto aus, aber das ist es nicht. Was wir sehen, ist ein stroboskopisches Bild eines Elektrons, das durch Lichtimpulse in verschiedenen Phasen ionisiert wurde. Was wir beobachten, ist kein ruhendes Teilchen, sondern ein energetischer Tanz: eine Schwingungsantwort auf das Lichtfeld, das es durchdringt.

Wo ist das Teilchen? Es ist nicht da. Denn so etwas wie eine „feste Form" gibt es an der Basis der Schöpfung nicht. Was wir hier sehen, ist eine Frequenz, die auf eine andere Frequenz reagiert. Eine Schwingung, die von einer anderen Schwingung geformt wird.

Das ist keine spirituelle Metapher. Das ist Wissenschaft. Das ist Quantenphysik. Es ist ein Bild, das die Illusion zerstört, dass Materie etwas Festes ist ( ). **Selbst das Elektron, der vermeintliche Baustein der Realität, ist nichts weiter als eine sich bewegende Welle. Ein Echo der Absicht.**

Tesla war in seiner Haltung klar: Er äußerte mehrfach seine Ablehnung der atomaren Theorie der Materie. Einige Aufzeichnungen zitieren ihn mit der Aussage, dass er nicht an das Elektron glaubte, wie es die moderne Wissenschaft beschreibt, sondern Materie als eine komplexere Manifestation von Energie betrachtete, die von Schwingungsprinzipien beherrscht wird, die wir noch nicht vollständig verstehen.

Auch Einstein stellte dies in Frage. Er wies darauf hin, dass, wenn das Elektron so existieren würde, wie es die klassische Theorie beschreibt, seine eigenen inneren Kräfte es zum Zusammenbruch oder zur Desintegration bringen müssten... es sei denn, es gäbe eine andere, nicht berücksichtigte Kraft. Mit anderen Worten, er warnte davor, dass das Verständnis des Elektrons unzureichend sei und dass wir wahrscheinlich eine der Säulen der Materie falsch interpretieren.

Er und viele andere Wissenschaftler, Erfinder und Forscher der letzten zwei Jahrhunderte erhoben ernsthafte Einwände gegen die traditionelle Vorstellung vom Elektron und von der atomaren Struktur, die im Bildungssystem systematisch vermittelt wird.

Die meisten halten sie für wahr, nur weil sie glauben, dass derjenige, der sie lehrt, „mehr weiß" oder „uns nicht anlügen würde". Aber die Geschichte zeigt uns etwas anderes.

Warum ist das wichtig?

Weil, wenn das Elektron – dieser vermeintliche Baustein der Materie – kein festes Teilchen, sondern eine Schwingung ist... dann sind Sie es auch. Und wenn Sie eine Schwingung sind...

dann sind Sie kein Ding. Sie sind kein festes Gebilde, kein festes Objekt, das im Weltraum verloren ist. Sie sind reine Frequenz. Sie sind ein dynamisches Muster, wie ein Lied, das nur existiert, solange es gespielt wird. Eine Welle, die sich in Bewegung entfaltet.

Und was bedeutet das für Ihr tägliches Leben? Dass alles, was Sie aussenden – Gedanken, Emotionen, Worte – die Symphonie Ihres Energiefeldes verändert. Ihre Gesundheit, Ihre Finanzen, Ihre Beziehungen und sogar die Klarheit Ihres Lebenszwecks hängen nicht davon ab, Dinge nach außen zu drängen, sondern davon, die Frequenz zu verändern, die diese Dinge aufrechterhält.

Die Schwingung zu verändern ist keine poetische Metapher: Es ist die realste Wissenschaft, die es gibt. Die Quantenphysik beschreibt Elektronen nicht mehr als „Bausteine" der Materie, sondern als Wahrscheinlichkeiten und Wellen, die auf den Beobachter reagieren. Wenn die Grundlage der Materie schwingt, schwingen auch Sie.

Hören Sie von nun an auf, sich nur zu fragen: „Was muss ich tun?", und beginnen Sie, sich zu fragen: „Was würde passieren, wenn ich anfangen würde, jeden Tag als Schwingung zu leben, anstatt als Ding?"

Denn Sie sind nicht hier, um vor der Welt gut dazustehen. Sie sind hier, um *mit der Wahrheit in Resonanz zu treten.*

Tor 4: Das verborgene Muster in der Geometrie des Menschen

Ein zeitgenössischer Künstler veröffentlichte auf seinem Kanal ein Video, in dem er zeigte, dass wir Menschen perfekt gestaltete holografische und fraktale Programme sind. Zum ersten Mal lässt sich dies grafisch sehr deutlich darstellen, da im Video zu sehen ist, wie drei seiner Zeichnungen mit fraktalen Formen schließlich ein menschliches Gesicht ergeben.

Das Video trägt den Titel *„Out of all things one, and out of one all things"* und ist auf dem YouTube-Kanal von **Petros Vrellis** zu finden. Zunächst werden diese drei Bilder gezeigt:

Dann verbindet er das mittlere mit dem linken Bild, und es erscheint Folgendes:

Wenn schließlich das dritte Bild hinzugefügt wird, entsteht ein klares Bild eines kleinen Mädchens.

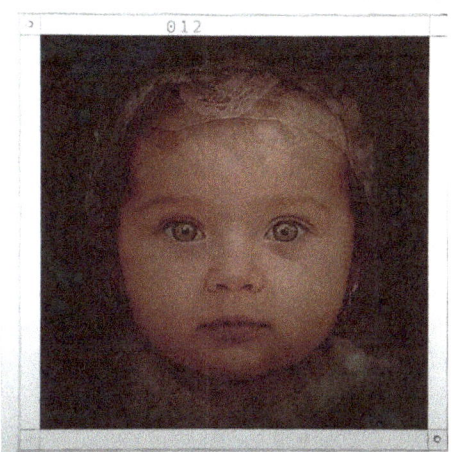

Warum ist das überraschend?

Stellen Sie sich vor, Sie hätten drei seltsame Zeichnungen, wie Spinnweben oder sinnloses Gekritzel. Wenn man sie einzeln betrachtet, wirken sie chaotisch. Aber wenn der Künstler sie übereinanderlegt, als würde er ein unsichtbares Puzzle zusammenfügen, erscheint plötzlich das Gesicht eines Mädchens. Wie durch Zauberei.

Es ist, als hätte Gott das Bild in diesen Formen versteckt und darauf gewartet, dass jemand sie mit Geduld und Liebe zusammenfügt, um es zu enthüllen.

Und das Erstaunlichste daran: **Wir funktionieren genauso**. Wir bestehen aus unsichtbaren Teilen – Linien, Emotionen, Fragmenten – und wenn sie sich verbinden, erscheint das wahre „Ich".

Deshalb versteht man manchmal nicht, was man fühlt oder warum man so ist, wie man ist. Aber wenn man lernt, seine Teile zusammenzufügen, sich selbst mit Liebe zu betrachten, wird man sich eines Tages als ganzes Wesen sehen. Und das ... ist wunderschön.

Diese Formen sind kein Zufall. In der Natur wiederholt sich das Ähnliche auf verschiedenen Ebenen: Galaxien, die wie Augen aussehen, Nüsse, die an das menschliche Gehirn erinnern, Äste, die neuronale Netze imitieren. Diese Spiegelung zwischen Mikro und Makro ist ein stiller Hinweis darauf, dass alles nach einem einheitlichen Muster geschaffen wurde, das vom Kleinsten bis zum Größten widerhallt.

Tor 5: Die Steine sprechen

Über Jahrhunderte hinweg hinterließen alte Kulturen Botschaften, die in Stein gemeißelt waren. Es handelte sich dabei nicht um einfache religiöse Verzierungen oder kulturelle Symbole, sondern um Schwingungstechnologie. Der Klang, die Frequenz, die Geometrie und die Energie der Erde wurden in Strukturen kodiert, die bis heute aktiv sind.

Die Frage ist nicht, ob sie real sind, sondern ob wir bereit sind, sie als das zu sehen, was sie wirklich sind.

Eines der deutlichsten Beispiele sind die Steinkreise, die in verschiedenen Teilen der Welt gefunden wurden. Viele von ihnen bilden **cymatische Muster** nach, d. h. Figuren, die entstehen, wenn eine Schallfrequenz auf einer Oberfläche schwingt. Sie stellen die Schwingung der Erde an bestimmten Punkten dar.

In mehreren Fällen wurden diese Kreise über Gebieten mit hoher elektromagnetischer Energie errichtet, und ihr Design spiegelt die Form von Magnetrons wider: Geräte, die Elektrizität in

Mikrowellen umwandeln können. *Ein groß angelegtes Magnetron könnte mehr Energie erzeugen als alle Kraftwerke der Welt zusammen.*

In Südafrika gibt es Tausende davon. Der berühmteste ist der **Adamskalender** in Mpumalanga, Südafrika: ein Steinkreis mit einem Durchmesser von etwa 30 Metern, dessen Alter auf mehr als 75.000 Jahre geschätzt wird. Viele Forscher glauben, dass alle Steinkreise in der Regio n miteinander verbunden sind und dass ihre Frequenzen an diesem zentralen Punkt zusammenlaufen.

Adamskalender, Südafrika.

Diese Art von Beweisen verändert die Erzählung völlig. Es handelte sich nicht um „primitive Zivilisationen", sondern um Kulturen, die die Gesetze der Schwingung und Energie besser verstanden als wir. Sie wussten, dass Stein Informationen speichert, auf Schall reagiert und Energie verstärkt. Sie verwendeten ihn nicht, weil er das Einzige war, was verfügbar war, sondern weil er am effektivsten war.

Die Struktur von **Borobudur** in Indonesien ist nicht nur ein Tempel, sondern eine aus Stein erbaute Maschine. Ihre

Symmetrie reagiert auf die Bewegung der Sonne und die Schwingungen des Bodens. Sie ist so ausgerichtet, dass sie eine bestimmte Funktion erfüllt.

Borobudur, Indonesien

Stonehenge ist heute zwar teilweise rekonstruiert, behält aber ein auf Resonanz und Symmetrie basierendes Design bei. Es wurde nicht nur errichtet, um die Sterne zu beobachten, sondern auch, um mit unsichtbaren Frequenzen zu interagieren.

Stonehenge, England

Wenn Sie Luftaufnahmen von alten Tempeln mit modernen Leiterplatten vergleichen, werden Sie feststellen, dass sich das Muster wiederholt. Es handelte sich nicht um Kultstätten im traditionellen Sinne, sondern um **Energiesysteme**, groß angelegte Frequenzplatten, die dazu dienten, Energie zu empfangen, zu verstärken und zu verteilen. Wie es jede Technologie tun würde… aber mit einem Wissen, das wir erst jetzt zu erahnen beginnen.

Das Gleiche gilt für die Pyramiden. Und für **Sacsayhuamán** in Peru, dessen Struktur aus der Luft betrachtet nicht wie eine Festung aussieht, sondern wie eine Leiterplatte.

SACSAYHUAMÁN, PERU

Was hat das alles nun mit Ihrem täglichen Leben zu tun?

Alles.

Wenn diese Strukturen Schwingungstechnologie waren, bedeutet das, dass die Erde ständig Codes aussendet. Die Botschaft ist klar: Wenn Stein Informationen speichern und mit Klang in Resonanz treten kann, dann kann Ihr Körper das auch.

Sie sind eine Antenne. Jedes Wort, das Sie aussprechen, jede Emotion, die Sie empfinden, jeder Gedanke, den Sie hegen, formt Ihr Energiefeld auf die gleiche Weise, wie diese Bauwerke das Feld des Planeten formten.

Das bedeutet, dass Ihr Zuhause ein Tempel sein kann. Dass Ihr Körper wie eine aktive Pyramide funktionieren kann. Dass Ihre tägliche Routine, wenn sie richtig ausgerichtet ist, zu einem Werkzeug der Manifestation wird.

Und das ist nicht symbolisch gemeint, sondern wörtlich.

Auch Ihr Körper hat ein messbares, reales elektromagnetisches Feld, das sich je nach Ihrem emotionalen Zustand ausdehnt oder zusammenzieht. Angst zieht es zusammen. Liebe dehnt es aus. **Das Feld des Herzens kann bis zu fünftausend Mal stärker sein als das des Gehirns.** Und es vibriert nicht nur: Es moduliert die Realität um Sie herum.

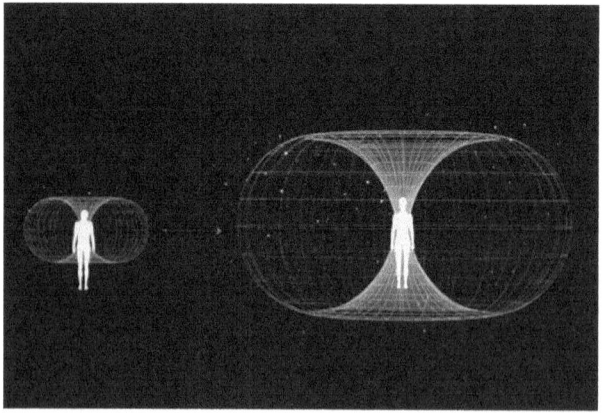

Links: Angst zieht zusammen. Rechts: Liebe dehnt aus.

Dasselbe Prinzip, das alte Zivilisationen mit Stein und Klang nutzten, findet in Ihnen statt. Der Unterschied ist, dass Sie es jetzt wissen. Und wenn es Bewusstsein gibt, gibt es Macht.

Die eigentliche Frage lautet also nicht: *„Warum hat man uns über die alten Strukturen belogen?"*, sondern:

„Bin ich bereit, mein Leben als ein Energiesystem zu gestalten, das mit der Quelle in Einklang steht?

– Bin ich bereit, meinen Verstand, meine Emotionen und meine Handlungen so zu ordnen, wie es ein heiliger Baumeister tun würde?

— Lebe ich als Kanal … oder als Hindernis?

Denn letztendlich wird die Wahrheit nicht mit Worten vermittelt.

Sie wird durch Schwingungen vermittelt.

Tor 6: Echte Schwingungstechnologie

Wir haben bereits gesehen, dass die Erde vibriert. Dass Klang Form gibt. Dass Steine Informationen speichern können. Aber ich möchte betonen, dass das Mächtigste nicht ist, dass das Universum eine Schwingung hat … sondern dass Sie sie auch haben. Denn Sie sind nicht nur Teil der Schöpfung: Sie erschaffen auch. Wir alle tun das, ob wir uns dessen bewusst sind oder nicht. Und es geschieht durch Gedanken, denn alles, was Ihnen durch den Kopf geht, hat eine Frequenz.

Wir sind nicht nur Antennen, die Informationen empfangen, wir halten sie auch fest und verbreiten sie. Das bedeutet, dass Sie nicht nur hier sind, um zu überleben: Sie sind hier, um sich einzustimmen. Um zu wählen, mit welchem Feld Sie sich verbinden möchten.

Im Laufe der Geschichte haben einige Menschen etwas erreicht, was unmöglich erscheint: ohne Unterbrechungen mit der Quelle verbunden zu leben. Nicht weil sie etwas Besonderes waren oder an etwas Äußeres glaubten, sondern weil sie sich daran erinnerten, wer sie waren, und von diesem Ort aus handelten, ohne sich ablenken zu lassen.

Einer von ihnen war Jesus. Aber vergessen Sie das Bild, das man Ihnen verkauft hat. Jesus kam nicht, um angebetet zu werden. Er kam, damit wir uns an ihn in uns erinnern. Als er sagte: *„Ich bin der Weg, die Wahrheit und das Leben. Niemand kommt zum Vater außer durch mich"*, sprach er nicht von sich selbst als Person. Er sprach von dem Zustand, in dem er lebte: völlige Einheit, bewusste Liebe, Präsenz ohne Trennung.

Und er war nicht der einzige Revolutionär. Krishna drückte es anders aus: *„Wenn ein Mensch jedes Wesen so sieht, als wäre es er selbst, dann gibt es keine Angst mehr."* Buddha war ebenso klar: *„Es gibt keinen Weg zum Frieden ... der Frieden ist der Weg."*

In Mexiko heilte Pachita, die Cuauhtémoc channelte, Körper mit einem rostigen Messer und einer Gewissheit: Nicht sie war es, die heilte, sondern die Liebe, die durch sie wirkte.

Verschiedene Gesichter. Verschiedene Namen.
Dieselbe Frequenz...

> *„Der Weg ist kein Glaube. Er ist Kohärenz. Die Wahrheit ist keine Idee. Sie ist Schwingung. Das Leben ist nicht nur das Lebendigsein. Es ist die Erinnerung daran, dass alles durch dasselbe Licht verbunden ist."*

Christus, Krishna, Buddha oder den Geist eines Vorfahren zu verkörpern bedeutet nicht, ihren Namen zu wiederholen, sondern aus diesem Zustand heraus zu leben. Ja, das Wort hat Kraft. Wenn du diese Namen aussprichst, bringst du ihre Energie in die Gegenwart. Aber die wahre Wirkung liegt nicht im Wort allein, sondern darin, wer es sagt, mit welcher Absicht und aus welcher Bewusstseinsstufe heraus.

Wenn du diesen Zustand wählst, musst du nicht mehr zum Vater „gelangen". Denn du bist nie weggegangen. Liebe ist kein Weg zu Gott : Sie ist die Erkenntnis, dass es nie eine Trennung gab.

Lassen Sie uns nun etwas tiefer gehen, um diese Punkte miteinander zu verbinden. Laut Dr. David R. Hawkins schwingt alles im Universum auf einer messbaren Skala. Was wir fühlen, denken, sagen und aufrechterhalten, schafft ein Feld. Jesus, als Bewusstsein, lag über 1000, dem Maximum der Skala des menschlichen Bewusstseins. Nicht als religiöse Figur, sondern als reiner Zustand der Einheit mit dem Selbst.

Deshalb erhöht das Denken an ihn, das Sprechen über ihn oder das Anrufen seines Namens aus Liebe – und nicht aus Angst – sofort seine Frequenz.

Sätze wie *„Durch seine Wunden bin ich geheilt"*, *„Alles kann ich in Christus, der mich stärkt"* oder *„Im Namen Jesu befehle ich dir ..."* sind keine leeren Gebete. Es sind *Schwingungsbefehle.* Schlüssel. Nicht weil Jesus ein Amulett ist, sondern weil das Feld, das aktiviert wird, wenn man mit dieser Gewissheit schwingt, die eigene Energie buchstäblich transformiert.

Und warum geschieht das nicht auch mit Krishna oder Buddha? Nicht weil sie weniger Macht hätten – auch sie erreichten auf der Bewusstseinsskala einen Wert von fast 1000, ein sehr hohes Maß an Hingabe ( ) –, sondern weil ihr kulturelles

Feld im kollektiven Unbewussten des Westens nicht so präsent ist. Wenn Sie mit Bildern von Jesus aufgewachsen sind, der heilt, vergibt und aufersteht, sind Ihr Körper, Ihr Geist und Ihr emotionales Feld bereits darauf programmiert, sich auf diese Schwingung einzustimmen. Dasselbe gilt in Indien für Krishna oder in Asien für Buddha. Was das Wunder auslöst, ist nicht der Name an sich, sondern die Übereinstimmung zwischen Ihrer Absicht und der Frequenz, mit der Sie ihn anrufen.

In Japan beispielsweise ist das Mantra **„Namu Myōhō Renge Kyō"** (was man mit „Ich widme mich dem mystischen Gesetz des Lotus-Sutras und richte mich danach aus" übersetzen kann) aus dem Nichiren-Buddhismus nicht nur eine mechanische Wiederholung: Es ist die Schwingung, die den Praktizierenden mit dem universellen Gesetz des Dharma in Einklang bringt, mit der schöpferischen Energie, die die gesamte Existenz erhält.

In China funktionieren die Praxis des **Qigong** und die taoistischen Gesänge auf die gleiche Weise: Der Klang ist keine Verzierung, sondern verdichtete Energie in Schwingung, die den Fluss des Qi freisetzt und es mit dem Tao, der Quelle der kosmischen Ordnung, in Einklang bringt.

Das Prinzip ist immer dasselbe: Sprache, Tradition oder Symbol spielen keine Rolle. Was die Tür öffnet, ist nicht das Wort selbst, sondern die bewusste Schwingung, mit der es ausgesprochen wird.

Deshalb sagte Hawkins, dass es nicht darauf ankommt, zu wem man betet, sondern *auf welcher Bewusstseinsebene man dies tut.* Wer aus Angst betet, senkt seine Frequenz, auch wenn er den „richtigen Namen" verwendet. Wer aus Liebe vibriert, transformiert sein Feld, auch ohne ein Wort zu sagen.

Das ist keine Religion. Es ist auch kein Aberglaube. Es ist **echte Schwingungstechnologie**, die jedem zugänglich ist, der sich dafür entscheidet, sein Wort wahrhaftig zu verwenden.

Sie müssen zu niemandem beten, um sich mit Gott zu verbinden. Aber wenn der Name Jesus, Krishna, Maria, ein Mantra, ein Kreuz oder ein Wort Sie erhebt... dann benutzen Sie es. Nicht weil es magisch ist, sondern weil Sie sich bewusst dafür entscheiden, mit Bewusstsein zu schwingen. Und Bewusstsein, wenn es authentisch ist, verwandelt absolut alles.

Die letzte Tür: die fünf Gesichter Gottes

Sie schwingen nicht nur. Sie bestehen aus Schwingung. Jeder Teil Ihres Körpers ist ein konkreter Ausdruck der Energie, die das Universum zusammenhält. Es ist kein Symbol: Es ist eine lebendige Struktur, die dieselbe Intelligenz widerspiegelt, die Galaxien formt. Und diese Struktur besteht aus fünf wesentlichen Prinzipien: **den Elementen**.

Der Äther ist der Raum, der alles enthält. Man kann ihn nicht sehen, nicht berühren, aber er ist überall. Er ist es, der die Schwingung ermöglicht. Er ist das unsichtbare Feld, in dem die Schöpfung stattfindet. Wenn Sie etwas Reales spüren, ohne es erklären zu können, sind Sie mit dem Äther verbunden.

Die Luft ist der erste Akt des Lebens. Sie atmen, ohne darüber nachzudenken, aber jeder Atemzug ist ein Ein- und Ausströmen von Präsenz. Ohne Luft gibt es kein Bewusstsein in der Materie.

Wasser ist sein Hauptbestandteil. Ihr Körper, Ihre Emotionen und Ihr Gedächtnis bestehen aus Wasser. Und Wasser reagiert auf die Schwingung, die Sie ausstrahlen. Jeder Gedanke, jedes Wort, jede Emotion strukturiert die Qualität dieses Wassers.

Deshalb geht das, was Sie denken und fühlen, nicht verloren: Es prägt sich ein.

Feuer ist die Energie, die Sie antreibt. Es ist der Wille zur Veränderung, die Leidenschaft, die Entschlossenheit, der Drang nach Wahrheit. Es ist nicht außerhalb von Ihnen: Es ist in Ihrem Herzen, in Ihrem elektrischen Feld, in Ihrem tiefen Wunsch, ein sinnvolles Leben zu führen.

Die Erde ist Ihr Körper. Nicht als etwas von der Seele Getrenntes, sondern als deren Manifestation. Ihre Knochen sind Struktur. Ihre Haut ist Grenze. Ihre Verdauung ist Intelligenz. Die Erde ist der Altar, auf dem alles andere Gestalt annimmt. Und indem Sie Ihren Körper bewusst bewohnen, machen Sie das Alltägliche heilig.

Diese fünf Elemente sind keine losen spirituellen Konzepte. Sie sind die konkrete Form, in der Gott in Ihnen wirkt. Sie sind nicht da draußen. **Sie sind es selbst**. Der Klang, der Atem, die Emotion, die Energie, der Körper: Sie alle sind Teil desselben verkörperten Bewusstseins.

Wenn Sie sich jemals gefragt haben, wie Gott aussieht... schauen Sie sich selbst an.

Nicht mit Ihrem Ego, sondern mit Präsenz. Denn: **Gott versteckt sich nicht**. Er wiederholt sich.

Jetzt, da Sie wissen, dass Sie aus denselben Elementen bestehen, die das Leben erhalten, beobachten Sie sich. Nicht mit dem Intellekt, sondern mit Klarheit.

„Wie oben, so unten. Wie innen, so außen." –
Hermes Trismegistos

Welches Bild ist die Nuss und welches ist das Gehirn?

 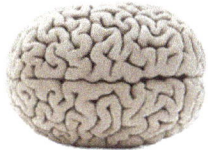

Der Fingerabdruck und der Stamm eines Baumes sehen sich ein wenig ähnlich...

Von oben betrachtet zeichnet ein Fluss unsere Adern...

Sehen Sie eine Galaxie oder ein menschliches Auge?

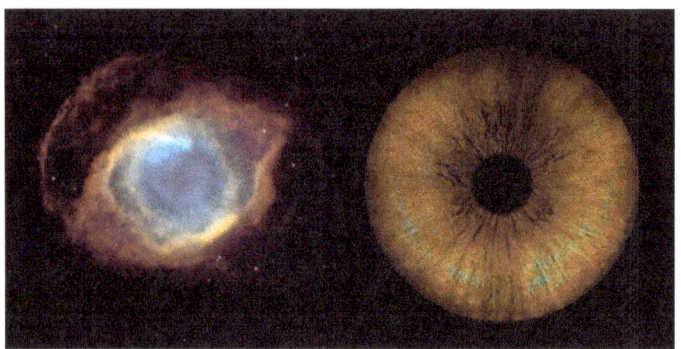

HELIXNEBEL UND EIN MENSCHLICHES AUGE

Die Entstehung einer Zelle erinnert an die Geburt eines kolossalen Sterns.

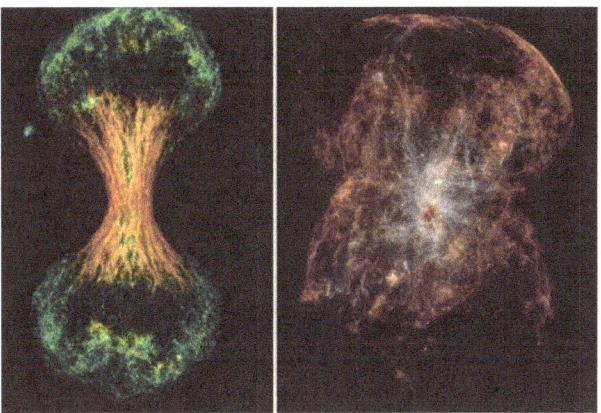

Die Zellen des Gehirns sehen identisch aus wie das vergrößerte Bild des Universums.

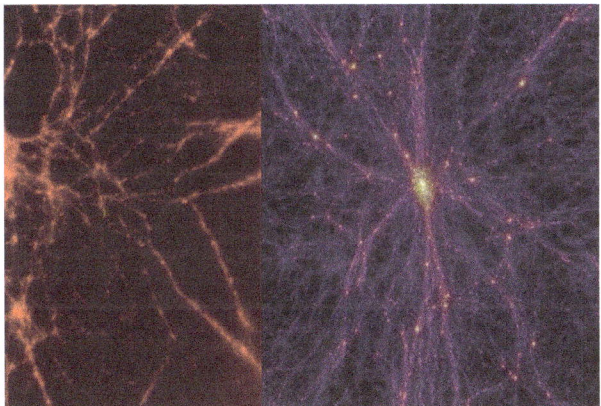

Eine Lunge oder ein Ast? Beides.

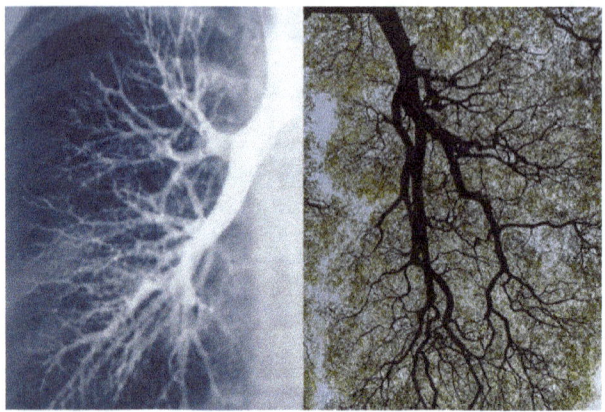

Unser Nervensystem hat das gleiche Muster wie ein Blitz.

Das ist der wahre Wahnsinn: zu verstehen, dass **wir alles sind, was es gibt**. Diese Offenbarung bedarf keiner Erklärung, es reicht, sich zu wundern, die Augen zu schließen und sich an den Ursprung zu erinnern. Denselben Ursprung wie ein Blatt, ein Blitz, ein Baum, die Sterne, die Sie am Himmel sehen, und jeder Mensch, der die Erde bewohnt.

*„Gott hat alles mit derselben Geometrie entworfen
... also hat er auch dich nach demselben Muster
entworfen."*

Schau dir Folgendes an:

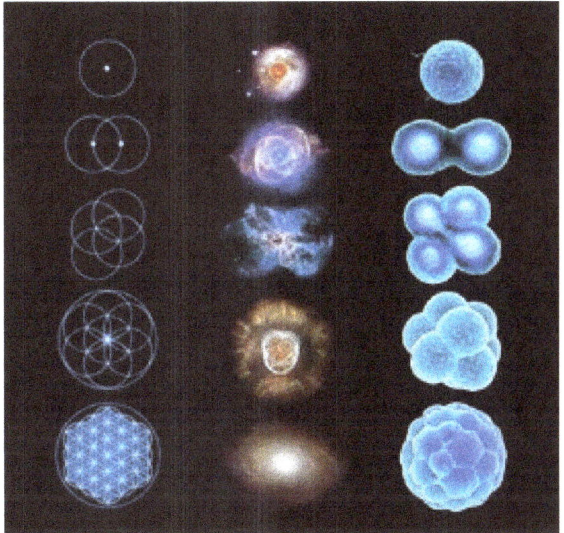

Ich werde es Ihnen erklären.

In der linken Spalte: **Die Blume des Lebens**. Was Sie hier sehen, ist die Entwicklung der Blume des Lebens. Dieses alte Symbol ist in verschiedenen Kulturen im Laufe der Geschichte präsent und steht für die Verbundenheit des Lebens und die Schöpfung des Universums. Es findet sich an Orten wie dem Tempel des Osiris in Abydos, Ägypten, und taucht auch in der keltischen, chinesischen und römischen Kunst sowie in mittelalterlichen Manuskripten auf.

Diese Spalte zeigt, wie Energie sich in universellen Mustern ordnet. Alles beginnt mit der Einheit… und von dort aus vermehrt sich das Leben nach einer perfekten Mathematik.

In der mittleren Säule: **Das reflektierte Universum**.

Jede Galaxie, jeder Nebel oder jede Sternexplosion repliziert dieselben Formen. Unabhängig vom Maßstab: Was wir dort draußen sehen, ist dasselbe, was auf der unsichtbaren Ebene schwingt. Es ist der visuelle Beweis dafür, dass das gesamte Universum einem Entwurf folgt.

In der rechten Spalte: **Sie, von Anfang an**.

Die menschliche Zelle folgt vom ersten Augenblick an demselben Muster. Was ein Stern tut, wenn er sich ausdehnt, tut auch Ihr Körper, wenn er zu existieren beginnt.

Wir sind aus derselben Geometrie gemacht, die Welten erschafft. Nicht zufällig, sondern weil *wir Teil desselben Ganzen sind*.

> *„Sie sind nicht vom Ganzen getrennt. Sie sind eine funktionale und bewusste Nachbildung derselben Quelle, die alles erschafft."*

Wer steht also hinter all dem, was Sie vibrieren, fühlen und erinnern? Wer hat eine Realität entworfen, in der ein Wort, ein Symbol oder ein Gedanke die Materie formen kann?

Es ist ganz natürlich, dass diese Frage auftaucht. Aber Vorsicht.

Denn genau hier stoßen wir auf die größte Illusion von allen: zu glauben, dass Gott jemand ist, den man erreichen, definieren oder finden muss.

Und wenn wir beginnen, dies klar zu erkennen, taucht eine der mächtigsten Fragen auf, die wir uns als Spezies gestellt haben:

WER IST GOTT UND WO IST ER?

„Gott ist kein Ort, den man erreichen kann. Er ist der Code, der sich in allem wiederholt, was bereits ist."

Allein die Frage „Wer ist Gott?" impliziert bereits eine Trennung. Das Wort „wer" geht von der Vorstellung aus, dass Gott ein individuelles Subjekt ist, etwas Äußeres, etwas, das man benennen und definieren kann. Aber Gott ist weder ein Objekt noch eine konkrete Gestalt . Gott ist das All. Man findet ihn nicht. Man erkennt ihn.

Dennoch verwenden wir Symbole, um uns dieser Wahrheit anzunähern, denn der Verstand braucht Bilder. Eines der am häufigsten verwendeten Symbole ist die Dreifaltigkeit: **der Vater, der Sohn und der Heilige Geist**.

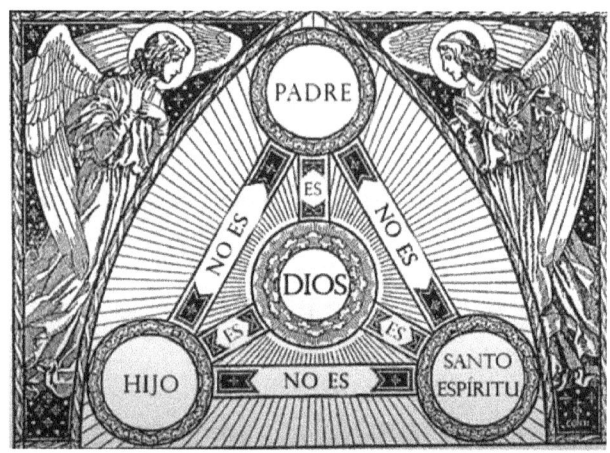

Betrachten Sie dies nicht als Dogma. Schauen Sie sich an, was es darstellt:

Der Vater ist der **Höhere Geist**: der höchste Teil Ihrer Intelligenz, der führt, ohne zu zwingen, strukturiert, ohne zu kontrollieren, und beobachtet, ohne zu urteilen.

Der Sohn ist der **Körper**: die physische Form, durch die er inkarniert, lernt, Beziehungen eingeht und seinen Weg in dieser Dimension manifestiert.

Der Heilige Geist ist das **feinstoffliche Feld**: das, was man nicht sieht, aber alles zusammenhält. Es ist die Schwingung, die Sie mit dem Unsichtbaren, mit der Quelle, mit dem Ewigen verbindet.

Es handelt sich nicht um getrennte Wesenheiten oder etwas, das man verehren muss: Es sind Aspekte von dir selbst, Spiegelungen desselben Zentrums.

Wenn Ihr Geist mit der Wahrheit im Einklang ist, Ihr Körper in der Gegenwart lebt und Ihr Geist in Verbindung ist, dann ist

Gott da. Nicht als etwas Äußeres, sondern als das, was bereits ist.

Wo ist Gott also? An dem Ort, an dem Sie sich gerade befinden. Innen und außen. In Ihrem Atem, in Ihrem Blick, in jedem Atom, aus dem Ihr Körper besteht, und in jeder Galaxie, die am Himmel leuchtet. Er ist nicht versteckt, er drückt sich in allem aus. Und wenn Sie aufhören, ihn als einen Ort zu suchen, den Sie erreichen müssen, erkennen Sie ihn in jedem Augenblick.

Die eigentliche Frage lautet nicht „Wer ist Gott?", sondern:

„Sind Sie bereit zu erkennen, dass es keine Trennung zwischen Gott und Ihnen gibt?"

Alles, was nicht mit dieser Gewissheit schwingt, ist nicht real. Es ist nur eine Illusion, die vom Verstand projiziert wird, der seinen Ursprung vergisst.

GOTTES WELT IST DIE EINZIGE WIRKLICHE

„Ich glaube nicht, weil ich sehe. Ich sehe, weil ich an Ihn glaube."

Nachdem ich viel spirituelle Literatur gelesen hatte, verstand ich, dass es nicht darum geht, sich für das eine oder das andere zu entscheiden. Zu glauben, dass es so ist, perpetuiert nur die Trennung. Und jedes Mal, wenn wir uns trennen, vergessen wir. Die Welt der Formen ist illusorisch. Die Welt Gottes nicht. Gott ist nicht geteilt. Gott ist eins. Und in diesem Einen ist alles enthalten.

Der Vater, der Sohn und der Heilige Geist sind keine hierarchischen Figuren. Sie sind Tore zu ein und demselben Wesen. Verschiedene Manifestationen derselben Energie, die gleichzeitig wirken. Deshalb können wir sie sehen: weil sie aktiv sind. Weil sie in uns sind.

Das Leben auf der Erde ist im Grunde genommen ein Spiel der Trennung. Wir sind gekommen, um die Einheit zu vergessen, damit wir uns durch Erfahrung wieder an sie erinnern können. Es geht nicht darum, uns an Äußerlichkeiten festzuhalten, sondern uns daran zu erinnern, dass wir nie getrennt waren. Nur diese Erkenntnis kann den Frieden bringen, den wir so lange im Außen gesucht haben.

Wenn Sie Gott spüren wollen, suchen Sie nicht weiter. Gehen Sie tief in sich hinein. Oder betrachten Sie die Unermesslichkeit des Universums. An beiden Extremen werden Sie dasselbe finden: ein genaues Spiegelbild dessen, was Sie bereits sind. Alles wurde nach Ihrem Bild und Gleichnis geschaffen. Sie müssen nur beobachten, berühren, hören und das Leben mit Präsenz spüren. Das bedeutet, sich wieder mit der Wahrheit zu verbinden, die schon immer in Ihnen war.

Der Mensch hat die Fähigkeit, sich über das Unverständliche zu wundern. Und oft versucht er, Gott mit Hilfe seines Egos zu erreichen. Aber das funktioniert nie. Der Verstand, der sich für getrennt hält, kann sich nicht vereinen, weil er immer glaubt, dass er irgendwohin „gehen" muss. Aber es gibt keinen Ort, an den man gehen kann. Alles ist hier. Alles ist jetzt. Und diese Erkenntnis ist an sich schon die Welt Gottes.

ICH BIN GOTT, DU BIST GOTT

Sie müssen nicht hinausgehen, um Gott zu suchen. Sie sind Gott. Aber Sie müssen sich auch nicht in dem Glauben verstricken, dass „Sie ein Gott sind". *Sie sind es* einfach. Vielleicht denken Sie: „Das sind wir alle". Aber selbst dieses „alle" ist nur eine Idee. Es gibt kein „alle" au . Nur Sie, die sich als Teil des Ganzen betrachten.

Ich wollte Ihnen fast sagen, dass Sie mir nicht glauben sollen. Aber wenn ich das täte, würde ich schon wieder eine neue Idee erschaffen. Und Sie erschaffen all dies bereits durch Ihre Gedanken. Niemand außer Ihnen kann etwas daran ändern.

Lassen Sie uns tiefer gehen. Spielen Sie mit.

Vielleicht fragen Sie sich: *„Wenn Gott alles kann, kann er dann einen Stein erschaffen, der so schwer ist, dass selbst er ihn nicht heben kann?"*

Auf den ersten Blick scheint das eine logische Falle zu sein:

– Wenn er ihn erschaffen, aber nicht heben kann, ist er nicht allmächtig.

– Und wenn er ihn nicht erschaffen kann, ist er es auch nicht.

Ich würde Ihnen antworten: Was würden Sie tun, wenn Sie diese Macht hätten?

Denn es geht nur um Sie. Darum, was Sie tun würden, wofür Sie sich entscheiden, was Sie erleben möchten. Diese Frage erweitert nicht den Horizont, sondern verwirrt ihn. Denn es kommt nicht darauf an, ob Gott es kann, sondern darauf, wofür Sie sich entscheiden.

Das Paradoxon offenbart keinen Fehler Gottes, sondern einen Fehler in der menschlichen Denkweise. Wir versuchen, das Unendliche mit einem endlichen Maßstab zu messen. Wir erwarten, dass sich das Absolute innerhalb der Grenzen widerspricht, die von einem begrenzten Verstand erfunden wurden.

Welche Erfahrung würden Sie erschaffen, wenn Sie Gott wären? Eine Welt ohne Fehler, ohne Chaos, in der alles perfekt und unter Kontrolle ist? Oder eine freie Welt, in der es die Möglichkeit des Bösen, des Schmerzes, des Vergessens, der Verwirrung gibt... aber auch die Möglichkeit der Erinnerung, des Erwachens und der bewussten Liebe?

Denn das ist es, was wir jetzt haben: eine Welt, in der wir wählen können. Und alles, was Sie sehen, erschaffen Sie selbst. Sogar das, was Sie ablehnen.

Wenn jemand fragt: *„Warum lässt Gott das Böse zu?"*, vergisst er, dass dieser Gott ... Sie selbst sind. Sie sind es, der das Gute und das Böse interpretiert. Wir wurden darauf programmiert, den Tod zu fürchten und das Leben zu kategorisieren. Aber muss man nicht sterben, um wiedergeboren zu werden?

Wir vertiefen uns so sehr in das, was wir „tun müssen", dass wir das Wesentliche vergessen: Wir wissen nicht einmal, wie wir morgen aufwachen werden. Und doch wachen wir auf. Wie macht es das? Sie wissen es nicht. Das Gleiche geschah an dem Tag, an dem Sie geboren wurden. Abgesehen von außergewöhnlichen Erinnerungen oder Rückführungen erinnern sich 99,9 % nicht daran, wie sie hierher gekommen sind.

Das ist die wahre Information: Es ist nicht so, dass wir abgekoppelt sind, sondern dass wir zu sehr mit der Verwirrung verbunden sind. Die einzige Wahrheit ist, dass Sie es nicht wissen und vielleicht nie wissen werden. Und das ist das Schöne daran.

Das Leben ist ein ständiges Spiel, und Sie spielen es, wie Sie wollen. Einige werden Sie verurteilen, andere werden sich inspirieren lassen, wieder andere werden Sie angreifen. Was macht das schon? Es ist Ihr Leben, es ist Ihre Wahrheit, es sind Ihre Überzeugungen. Das vorrangige Ziel ist nicht, uns zu täuschen oder uns Opfergeschichten zu erzählen, sondern endlich die Zügel in die Hand zu nehmen.

Sehen Sie es einmal so:

Es war einmal eine Seele, die in einem riesigen Spiel erwachte. Sie wusste nicht, dass es ein Spiel war. Sie lebte einfach, gehorchte, wiederholte. Aber etwas in ihr begann, Fragen zu stellen. Unbequeme Fragen. Große Fragen.

Mit der Zeit begann diese Seele Muster zu erkennen. Kleine Zeichen im Lärm. Zufälle, die zu zahlreich waren, um Zufall zu sein. Jeder Schritt brachte sie einer tiefen Intuition näher: All dies hatte einen Plan. Eine Logik. Eine verborgene Sprache.

So begann sie, ihren Körper, ihren Geist, das Universum, das ganze Leben zu erforschen. Es war, als ob jeder Winkel Hinweise enthielt, die von einem liebevollen Schöpfer hinterlassen worden waren, der nichts vorschrieb, aber alles zuließ.

Und gerade als sie glaubte, verstanden zu haben, wie das Spiel funktioniert, stieß sie auf die schwierigste Frage:

Was, wenn ich aufhören muss, nur mich selbst zu betrachten, um Gott zu sehen?

Da verstand er den Schlüssel: Um Gott zu sehen, musste er zuerst lernen, Mensch zu sein. Mit allem. Mit Licht und Schatten. Mit Fleisch und Geist. Mit Präsenz.

Nur so – indem sie die gesamte Erfahrung verkörperte – wurde die Seele zum Spiegel des Schöpfers.

Und endlich ergab das Spiel einen Sinn.

DIE ENDGÜLTIGE WAHRHEIT

Während ich dieses Buch schrieb, notierte ich in meinem Notizbuch, dass ich mir wünschte, andere könnten es lesen, weil es mir eine pure, fast kindliche Freude bereitete, die Unermesslichkeit und Verrücktheit der Welt, in der wir leben, zu entdecken. Wahnsinn im besten Sinne ... derjenige, der erschüttert, den Autopiloten unterbricht und uns zwingt, neu zu überdenken, wer wir sind und warum wir hier sind. Deshalb bin ich dankbar, dass Sie bis zu diesem Teil des Buches gekommen sind.

Diese Welt ist fantastisch. Nicht perfekt aus der Sicht des Verstandes, aber aus der Sicht der Seele. Und ich hoffe, dass Sie, nachdem Sie dieses Buch gelesen haben, das auch so empfinden.

In diesem Spiel namens Leben geht es nicht darum, zu gewinnen, es zu überstehen oder Angst zu haben, zu verlieren, sondern einfach darum, es mit Präsenz, Hingabe ... und Liebe zu spielen.

Sie sind zwar eine Figur, aber Sie sind auch der Drehbuchautor, der Regisseur und der Zuschauer dieses Films. Das sind wir alle. Nur nehmen wir das manchmal so ernst, dass wir vergessen zu lachen.

Man sagt, die Wahrheit werde uns frei machen... aber zuerst wird sie uns wahrscheinlich unangenehm sein. Ich bin mir bewusst, dass es Kapitel gibt, die Kontroversen, Fragen oder sogar Ärger hervorrufen können. Das macht nichts. Denken Sie nur daran: Ihre Freiheit hängt nicht davon ab, wo Sie sind oder mit wem, sondern davon, wie Sie sich entscheiden, die Dinge zu betrachten. Es sind die Brillen, die Sie aufsetzen, die bestimmen, wie Sie Ihr eigenes Spiel erleben werden.

In einer kausalen Welt übernehmen Sie die Verantwortung für die Ursache und lieben Sie die Auswirkungen, wie auch immer sie ausfallen mögen. Und nachdem Sie eine Weile in der Welt von Ursache und Wirkung gespielt haben, lade ich Sie ein, einen Schritt weiter zu gehen: Betrachten Sie das Leben als ein Gewebe perfekter Synchronizitäten. Denn am Ende des Tages wissen Sie: Gott würfelt nicht. Deshalb haben Sie dieses Buch gelesen. Deshalb habe ich es geschrieben.

WIR SIND NICHT GETRENNT

Sie sind von absolut nichts getrennt.

Jahrelang hat man uns das Gegenteil glauben lassen. Man hat uns gelehrt, Trennung, Konflikt und Spaltung zu sehen. Zu denken, dass der andere ein „Anderer" ist, dass das Äußere nichts mit uns zu tun hat. Und so haben wir die grundlegende Wahrheit vergessen: *Alles ist miteinander verbunden.*

Der Geist hat einen direkten Einfluss auf alles, was existiert. Der Körper ist nicht „Sie", er ist eine Erweiterung von Ihnen. Das Buch, das Sie in den Händen halten, ist es auch. Die Worte sind nicht außerhalb von Ihnen: Sie entstehen in Ihrem Geist. Und ich, der ich dies geschrieben habe, existiere nur, weil Sie glauben, dass ich existiere.

So funktioniert es. Es wäre leicht zu verstehen, wenn dies die Wahrheit wäre, mit der wir jeden Tag frühstücken, zu Mittag und zu Abend essen würden.

Aber man hat uns etwas anderes erzählt.

Man hat uns gesagt, dass wir endlich sind, dass wir getrennt sind, dass wir dieser Körper, diese Geschichte, dieses Leben sind, das uns „zuteil geworden" ist.

Aber das sind wir nicht. Wir sind viel mehr.

Und das ist kein poetischer Satz. Es ist kein Wortspiel. Es ist eine Tatsache. Man muss nur die Punkte verbinden. Das ist die grundlegende Wahrheit. Die, die alles zusammenhält.

Die gleiche Wahrheit, die dazu führt, dass man eines Tages mit einem geschwollenen Ellbogen aufwacht und versteht, dass die Lösung nicht eine Tablette ist, sondern das Beenden eines Buches. Denn der Körper spricht. Das Leben antwortet. Und das Symptom ist kein Problem: Es ist immer eine Botschaft.

Niemand kann Ihnen sagen, wie Sie leben sollen. Man kann Ihnen Diagnosen, Vorschläge oder Meinungen mitteilen, aber die Prognose hängt immer von Ihnen ab.

> *„Das Leben ist nicht so, wie es ist. Das Leben ist so, wie wir sind."*

Wir erschaffen nach dem Bild und Gleichnis dessen, was wir im Sinn haben. Wir sind eins mit Gott, weil Er eins mit uns ist. Er ist in allem: oben, unten, innen, außen. Es gibt keine Trennung.

Die Sprache hilft uns zu verstehen, aber wir brauchen nicht einmal Worte, um dies zu wissen. Tief in unserem Inneren wissen wir es bereits.

Nur erzählen wir uns eine Geschichte. Eine nützliche, vielleicht sogar notwendige Geschichte. Aber diese Geschichte hat ihren Zweck erfüllt.

Wir erleben den Beginn einer neuen Ära des Bewusstseins. In diesem Zeitalter versteckt sich die Wahrheit nicht und wartet auch nicht: Sie zeigt sich, sobald jemand sie erkennt. Und je weiter man voranschreitet, desto mehr Schatten tauchen auf; je heller es leuchtet, desto mehr Insekten werden vom Licht angezogen. Aber denken Sie daran: Der Schatten erscheint nicht, um Sie aufzuhalten, sondern um zu bestätigen, dass es bereits Licht gibt. Ihn zu sehen ist das Zeichen dafür, dass Sie ihn erhellen können. Und wenn Sie ihn erhellen, ist er kein Schatten mehr.

Diese letzte Botschaft ist kein Abschluss. Sie ist eine Pause. Eine erste Pause.

Eine einfache Einladung: Jedes Mal, wenn Sie etwas „außerhalb" sehen – an Ihrem Körper, an einer anderen Person, in Ihrem Zuhause, bei Ihrem Partner, bei Ihrem Haustier oder in der Welt – stellen Sie sich eine einzige Frage:

Was gewinnen Sie, wenn Sie das glauben? Was gewinnen Sie, wenn Sie diese Realität erschaffen?

Denn Ihre Realität ist nicht die gleiche wie die von jemandem in China. Oder die von jemandem in Venezuela. Und doch kommt alles aus derselben Quelle.

Alles, was Sie glauben, manifestiert sich.

Und das bringt Sie zurück zum Zentrum Ihrer Kraft. Diese Kraft, die vielleicht manipuliert, unterdrückt oder verwirrt wurde...

Aber der Sie nicht länger nachgeben müssen.

Es ist nicht mehr notwendig, Gott außerhalb von sich selbst zu suchen.

Es ist nicht mehr notwendig, ein Leben zu führen, das nur auf Pragmatismus basiert.

Es ist nicht mehr notwendig, aus Angst zu handeln.

Gott ist in Ihnen.

In einer Blume.

Im Himmel.

In deinem Körper.

In Ihren Gedanken.

Denken Sie mit Gott oder ohne ihn? Mehr gibt es nicht.

Die Geschichte, dass der Teufel Ihr Leben lenken kann, ist nicht wahr. Das Einzige, was passieren kann, ist, dass Sie Ihre Gedanken vernachlässigen. Aber sich von Gott zu entfernen, ist nicht möglich. Wenn Sie leben, dann nur, weil Gott da ist.

Also ... vielleicht geht es nur darum, dankbar zu sein.

Danke, dass Sie dieses Buch gelesen haben.

Danke, dass Sie es in den Händen halten.

Danke, dass Sie es angenommen haben.

Danke an denjenigen, der es Ihnen geschenkt hat.

Danke, dass Sie sich durch diese Worte an sich selbst erinnert haben.

Danke, dass Sie mich erschaffen haben.

Ich bin Sie.

Und dieses Buch ...

war nur das Echo

Ihres eigenen Rufes.

Vielleicht ist Gott keine Antwort,

sondern die Frage selbst, die atmet.

Ich umarme ihn in der Erinnerung an die Ewigkeit. Möge die Liebe ihn immer begleiten und möge der Frieden seine Tage erhellen.

DER WEG ENDET NICHT HIER

Wenn dieses Buch etwas in Ihnen bewegt hat, hören Sie hier nicht auf. Jedes Wort wurde mit der Absicht gesät, zu erwecken, aber die wahre Transformation beginnt, wenn dieser Same über die Seite hinaus wächst.

Ich habe einen Raum namens Escuela Disruptiva geschaffen, in dem ich diejenigen begleite, die dieses Erwachen in ihr praktisches Leben integrieren möchten: aus dem System aussteigen, ihr Wesen ordnen und eine Realität mit Sinn und Freiheit aufbauen. Dort teile ich direkte Lehren und Live-Mentoring für diejenigen, die bereit sind, den nächsten Schritt zu tun.

Und wenn Sie den Ruf verspüren, nicht nur Ihr Leben zu verändern, sondern diese Wahrheit auch mit anderen zu teilen, besteht die Möglichkeit, ein „Sembrador de Conciencia" (Säer des Bewusstseins) zu werden. Das bedeutet, dass Sie diese Botschaft der Welt weitergeben können und dadurch auch Wohlstand erhalten ( ). Denn wenn man Expansion sät, gibt das Leben das Vielfache zurück.

Der Weg geht weiter. Die Wahl liegt nun bei Ihnen.

Erfahren Sie mehr darüber, wie Sie Teil der Schule oder der Bewusstseins-Säer werden können, indem Sie den QR-Code unten scannen:

WEITERE BÜCHER DES AUTORS

Jedes Werk, das ich geschrieben habe, ist nicht nur ein Buch: Es ist ein Portal zu einer neuen Ebene Ihrer Wahrheit. Hier sind ihre Namen, damit Sie sie suchen und sehen können, welches gerade mit Ihnen in Resonanz steht. Weitere Titel finden Sie unter disruptiveacademy.com

Lernen Sie das einzige Prinzip kennen

Wenn alles Äußere zusammenbricht, bleibt nur noch der Blick nach innen. Dieses Buch verspricht keine Formeln: Es konfrontiert Sie mit der Wurzel. „Erkenne das einzige Prinzip" ist der Leitfaden, um sich daran zu erinnern, wer Sie sind, wenn es keine Masken mehr zu tragen gibt.

Ruhe

Der einzige Weg, mit Ihrer Seele in Kontakt zu treten. Ein einfaches, aber tiefgründiges Werk, um sich wieder mit dem Wesentlichen zu verbinden: der inneren Stille und dem absoluten Frieden der Schöpfung.

Der wahre Sinn des Lebens

Eine Reise zum tiefen Verständnis dessen, warum Sie hier sind, was Sie zu erfüllen haben und wie Sie sich an Ihre Mission erinnern können.

Die Kraft von 60·90·60

Der Körper ist kein Feind, den es zu korrigieren gilt, sondern ein Tempel, an den man sich erinnern sollte. Dieses Buch enthüllt die Formel, die Disziplin, Präsenz und Zielstrebigkeit vereint, um Ihre körperliche, geistige und spirituelle Kraft zu entfachen.

Das Evangelium der Reichen

Ein Buch, das die Programmierung des Mangels aufhebt, einen Blick hinter die Kulissen des Finanzsystems gewährt und in Ihnen die Frequenz aktiviert, die Geld anzieht – nicht durch Anstrengung, sondern durch Wahrheit.

Satseupser

Die Fragen, die Sie sich schon immer gestellt haben, werden endlich beantwortet. Ein Buch für diejenigen, die nach dem Tiefgründigen suchen: Was ist das Nichts? Wer sind wir? Ist Zeit real? Ist der Mond ein natürlicher Satellit? Woher kommen wir?

ZUSÄTZLICHES MATERIAL FÜR IHRE ENTWICKLUNG

Um dieses Werk zu vertiefen und seine Erweiterung fortzusetzen, haben wir einen exklusiven digitalen Raum mit ergänzendem Material vorbereitet. Dort finden Sie lebendige Ressourcen: von verwandten Büchern und praktischen Werkzeugen bis hin zu audiovisuellen Inhalten, Schulungen und geführten Erfahrungen, die das in diesen Seiten Gelernte erweitern.

1. Scannen Sie den QR-Code.
2. Erstellen Sie Ihr kostenloses Konto bei Disruptive Academy.
3. Verwenden Sie den **Code 222,** sobald Sie angemeldet sind, und entdecken Sie die für Sie verfügbaren Materialien.

(Der Zugang ist persönlich und kann je nach Entwicklung jedes Werks mit neuen Inhalten aktualisiert werden.)

www.ingramcontent.com/pod-product-compliance
Lightning Source LLC
Chambersburg PA
CBHW072139290426
44111CB00012B/1917